SWEET から BITTER へ。あなたに寄り添う

大人のリボンスタイル

原 稀結里

はじめに

“リボンなんて身につけない”。
そんなひとりだった私がのめり込んだのがリボンデザインでした。

振り返ると着物の着付けを学んでいた頃の感覚と似ていて、
帯の結び方と同じく、一本の反物から作り出される造形美に惹き込まれていきました。

ヘアアクセサリー以外にもインテリアやステーショナリー、ファッションやギフト。
見える景色をリボンに染めてみると日常が楽しくなっていきます。

上手に自然に生活に馴染ませていただけたらと思い、
さまざまなリボンアイテムをデザインしました。

本書では私が得意とする「縫うリボン」をたくさんご紹介しています。
ハンドメイドに疲れてしまわないように大雑把な縫い方でも
美しく仕上がるデザインにしていますので、気軽にチャレンジしてみてください。

SWEETからBITTERへ、リボンのイメージを覆す『大人のリボンスタイル』。

生活にゆとりと潤いを。
読者の皆様にリボンを作る楽しみと喜びが広がりますように。

私のデザインに共感し、協会を支えてくれたJRDA認定校講師に感謝を込めて。

日本リボンデザイン協会（JRDA）
代表　原 稀結里

CONTENTS

エディション

HOW TO MAKE > P. 46

HOW TO MAKE > P. 50

NEO

ネオ

HOW TO MAKE > P. 52

HOW TO MAKE > P. 54

ローリング

HOW TO MAKE > P. 58

レイン

HOW TO MAKE > P. 62

HOW TO MAKE > P. 64

FLUIDE フリュイド HOW TO MAKE > P. 66

GRANDEUR グランドール HOW TO MAKE > P. 82

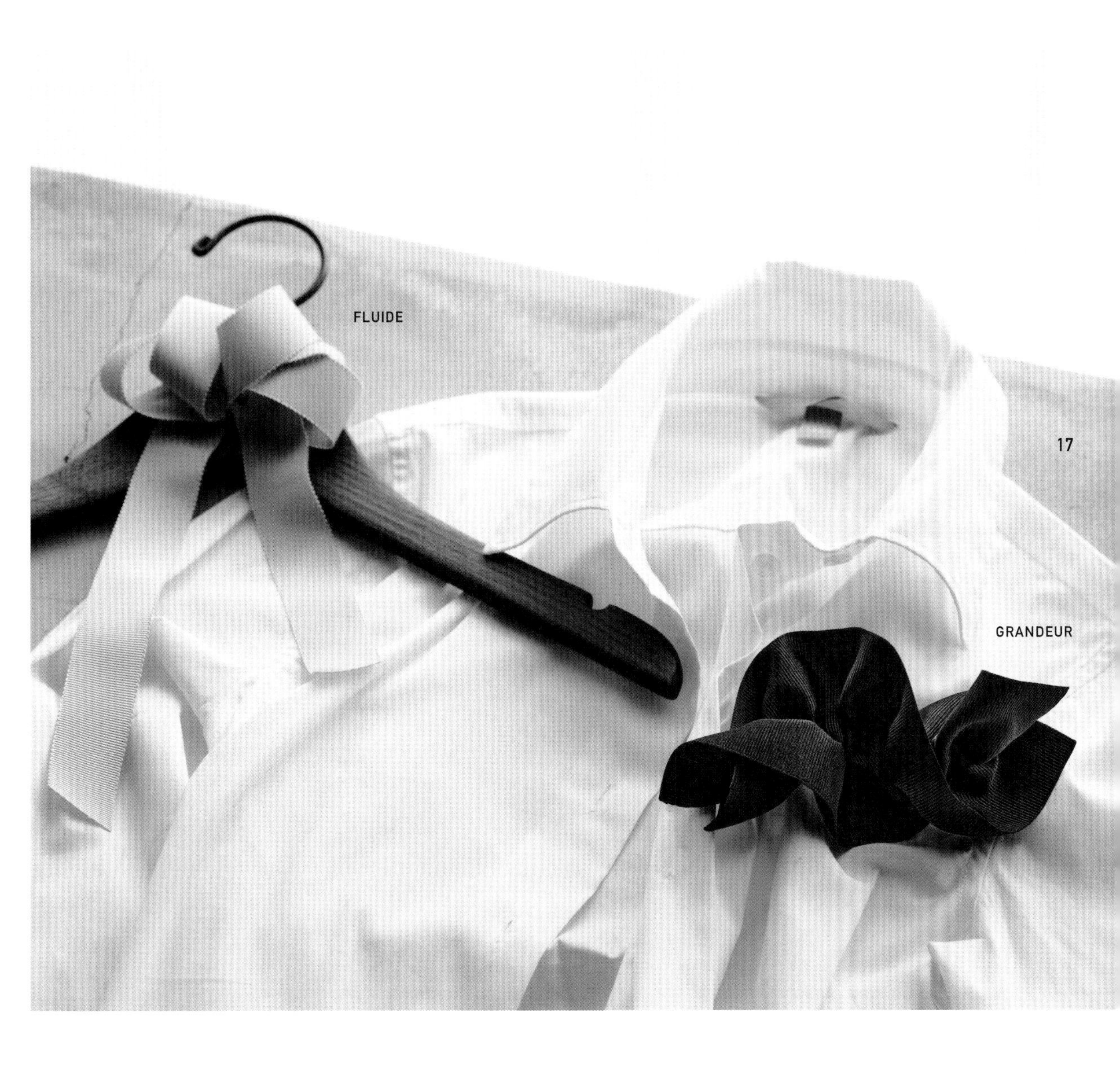

SYMPHONY

19

シンフォニー

HOW TO MAKE > P. 72

GRANDEUR グランドール HOW TO MAKE > P. 82

MARVEL マーベル HOW TO MAKE > P. 86

AWAKE

アウェイク

HOW TO MAKE > P. 88

ETERNAL エターナル

HOW TO MAKE > P. 80

HOW TO MAKE > P. 90

PROUD　プラウド　HOW TO MAKE > P. 76

PLATINUM　プラチナム　HOW TO MAKE > P. 54

PROUD

PLATINUM

TRILL

HOW TO MAKE > P. 94

ラディアント

HOW TO MAKE > P. 96

SYMPHONY

シンフォニー

HOW TO MAKE > P. 72

BLOOM

ブルーム

HOW TO MAKE > P. 98

HOW TO MAKE > P. 100

HOW TO MAKE > P. 64

STELLA

ステラ

HOW TO MAKE > P. 102

ROLLING

ローリング

HOW TO MAKE > P. 58

FLUIDE　フリュイド　HOW TO MAKE > P. 66

MORE　モア　HOW TO MAKE > P. 70

AWAKE アウェイク HOW TO MAKE > P. 88

PLATINUM プラチナム HOW TO MAKE > P. 54

WALK　ウォーク　HOW TO MAKE > P. 104

CLAP　クラップ　HOW TO MAKE > P. 106

エディション

HOW TO MAKE > P. 46

HOW TO MAKE > P. 104

MOKUBA
MOKUBA

HOW TO MAKE RIBBONS

リボンの作り方を紹介します。

作品で使用したリボンと幅を参考にしながら、

あなた好みの作品を作ってみてください。

おすすめのリボン

本書の作品でも使用した、おすすめのリボンを紹介しています。
下記を参考に好みのリボンをお使いください。
＊写真のリボンはすべてMOKUBAのものになります。

❶ ルミナスリボン（No.4595）
玉虫色で光によって色の表情が変わる、パリッとした薄手のリボンです。その薄さを活かした、ふっくらとしたデザインに向いています。

❷ グログランリボン（No.9000）
横畝が特徴のグログランリボン。イメージする形を作りやすく、ヘアアクセサリーから、ブローチや帽子、バッグなどに広く使用されます。❾よりもやや薄手。おおらかなデザインやふくらみが欲しいデザインに向いています。

❸ シェニールリボン（No.4311）
高級タオルのような手触りと厚みのあるリボンです。その珍しい素材感を活かし、シンプルなデザインが向いています。

❹ スエードテープ（No.2200）
フェイクスエードとは思えないような上質な質感。大人っぽいデザインに向いています。リアルなスエードと同じ感覚で使えるうえ、扱いやすいのが特徴です。

❺ ダブルフェイスベッチンリボン（No.4000）
表裏ともベッチンなので、とても映えるリボンです。しっとりとした良質な毛足の手触りで、帽子に巻くだけでもおしゃれに見えます。

❻ ベルベットリボン（No.2600）
光を美しく反射するベルベットリボン。その上品な艶を活かすような、存在感を放つデザインに合います。

❼ ダブルフェイスサテンリボン（No.5000）
ツルッとした質感で、適度な厚みのある両面サテンのリボンです。ほどよいハリがあるので、ラッピングにも、ステーショナリーの小物にも向いています。手にしやすい価格帯のものが多いので、初心者の方にもおすすめです。

❽ メタリックグログランリボン（No.8800）
上品なラメが華を添えるリボンです。大人の高級感があり、シンプルなデザインでも存在感が生まれます。

❾ グログランリボン（No.8900）
❷のグログランリボンよりもやや厚手。とても使いやすく、初心者の方にもおすすめで、どんなデザインにも向いている万能リボンです。

❿ オーガンジーリボン（No.4563）
見る角度で色の表情が変わり、ふんわりとした質感と優しいキラキラ感があるオーガンジーリボン。エアリーな雰囲気で、ふんわりと蝶々結びにしただけでもエレガントです。

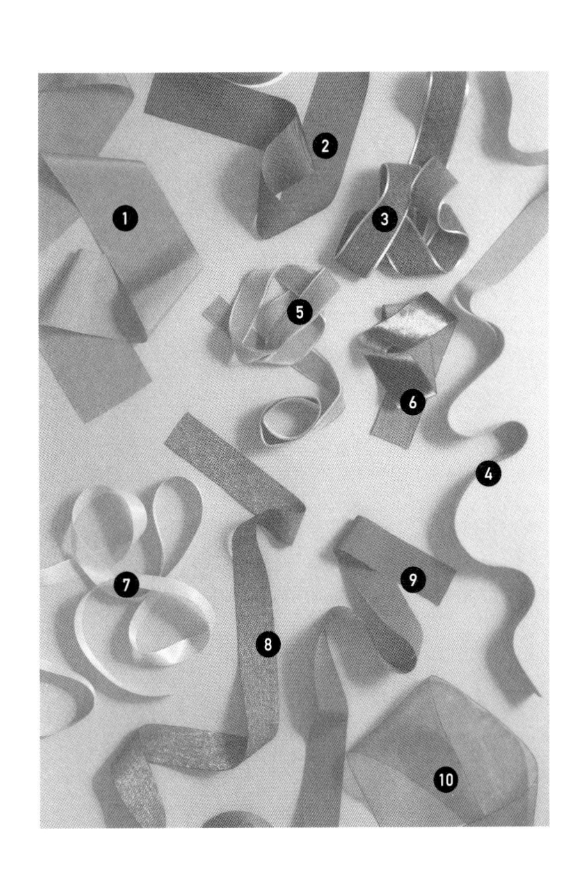

1
2
9
10
3
12
4
11
16
8
13
5
6
7
17
14
15

リボン作りのおもな道具

リボン作りに必要な道具を紹介します。
家にあるものも活用しながら、準備しましょう。

❶ 仮止めクリップ

製作中のリボンの形をキープしたり、動かないように固定する際に使います。

❷ メジャー

リボンの長さを測る際に使います。両面cm表示のものがおすすめです。

❸ 糸

リボンと同系色の糸を使います。太さは20番がおすすめです。

❹ 針とまち針

針は1本取りで使うことが多いので、糸通し不要のワンタッチ針が便利で使いやすいです。まち針は作業中のリボンに印をつけるときに使います。

❺ ライター

リボン（天然素材以外）の切り口はライターで軽く炙り、ほつれないように処理します。

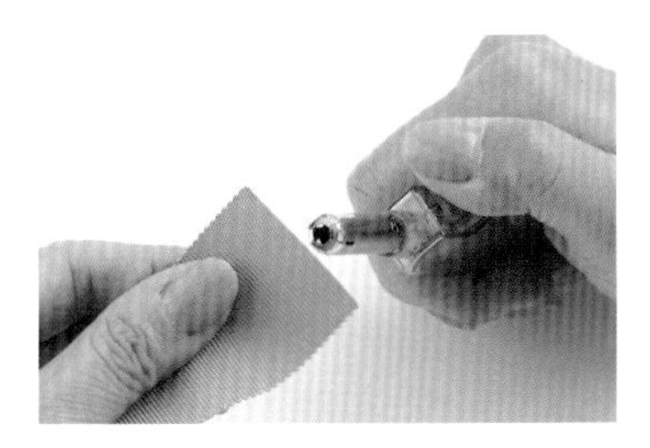

❻ チャコペン

まち針と同様に作業中のリボンに印をつけるときに使います。

❼ 物差し

リボンのひだの長さや、左右対称を測ります。細く、透けないものが使いやすいです。

❽ ワイヤー

リボンを固定させる際に使います。26番がおすすめです。

❾ ヤットコ

リボンに取りつけるアクセサリーの丸カン開閉などに使います。

❿ ニッパー

ワイヤーを切るときに使います。

⓫ ハサミ

クラフト用で、曲刃のものが細かい作業に向きます。

⓬ テープ用ハサミ

粘着テープを切っても、ベタつかないフッ素コートがおすすめです。

⓭ カチューシャテープ

強度が強いので、仕上げに使うと便利です。20㎜幅の黒がおすすめです。

⓮ 両面テープ

製作中のリボンが崩れないように固定する際に使います。おもにリボンの幅に合わせ、5㎜と10㎜のものがおすすめです。

⓯ グルーガン

でき上がったリボンをかごバッグやプラスチック製のアクセサリーパーツにつけるときに使います。金属製にはやや強度が劣るので、両面テープやカチューシャテープ、または糸で縫いつけるとよいでしょう。

⓰ アクセサリーパーツ

バッグチャームやヘアクリップ、バレッタ、ブローチのパーツは、好みのものを使ってください。本書では、種類が豊富な貴和製作所のものを中心に使っています。

⓱ バナナクリップ＆バンスクリップ

バナナクリップ（上）とバンスクリップ（下）は髪の量に合わせて大きさを選びます。リボンもその大きさに合わせ、大きさを調整して作ってください。

EDITION

エディション

PHOTO > P. 8、9、38

うねりと光を利用して艶っぽく見せるリボン。
重ねてボリュームを出したり、つなげて長さを出したりと遊べます。
幅広のリボンで作ると、さらに華やかに。

材料（光沢やハリのあるリボンが合う。リボン幅は36mm以上がおすすめ）

A　バングル
スエードテープ（50mm幅・50cm）、オーガンジーリボン（18mm幅・90cm）
→ でき上がりリボンサイズ12cm

B　イヤーフック
ベルベットリボン（50mm幅・20cm、38mm幅・20cm）、イヤーフック
→ でき上がりリボンサイズ11cm

C　バングル
ダブルフェイスサテンリボン（100mm幅・35cm）、
シェニールリボン（52mm幅・35cm）、バングル
→ でき上がりリボンサイズ15cm

D　バンスクリップ
グログランリボン（36mm幅・50cm×２、12cm）、バンスクリップ
→ でき上がりリボンサイズ10cm

E　ブックマーカー
ダブルフェイスサテンリボン２色（50mm幅・各30cm）、
シルクジョーゼットリボン（25mm幅・50cm）
→ でき上がりリボンサイズ10cm

道具
ハサミ、ライター、糸、針、グルーガン、両面テープ

A　バングル
E　ブックマーカー
バングルはリボンを作ったあと、固定したい形になるように糸で２〜３か所縫い、縫い目を利用してオーガンジーを通して手首に巻く。ブックマーカーは色違いのサテンで２個のリボンを作り、本の上にくる部分を糸でつなげる。その後、縫い目にオーガンジーを結ぶ。

B　イヤーフック
２個のリボンを作り、少し重なるようにバランスを見ながらイヤーフックに糸で縫いつける。

C　バングル
サテンとシェニールでリボンを作る。２個のリボンを重ね、バングルに糸で縫いつける。

D　バンスクリップ
クリップの大きさに合わせ、２個のリボンを作り、クリップのつまみ部分に12cmのリボンをツイストさせて両面テープでつける（P.109参照）。２個のリボンをグルーガンまたは両面テープでバンスクリップの左右につける。

エディションの作り方

● 36㎜幅・30㎝ → でき上がり目安10㎝

1 リボンの切り口をライターで炙り、ほつれないようにする。

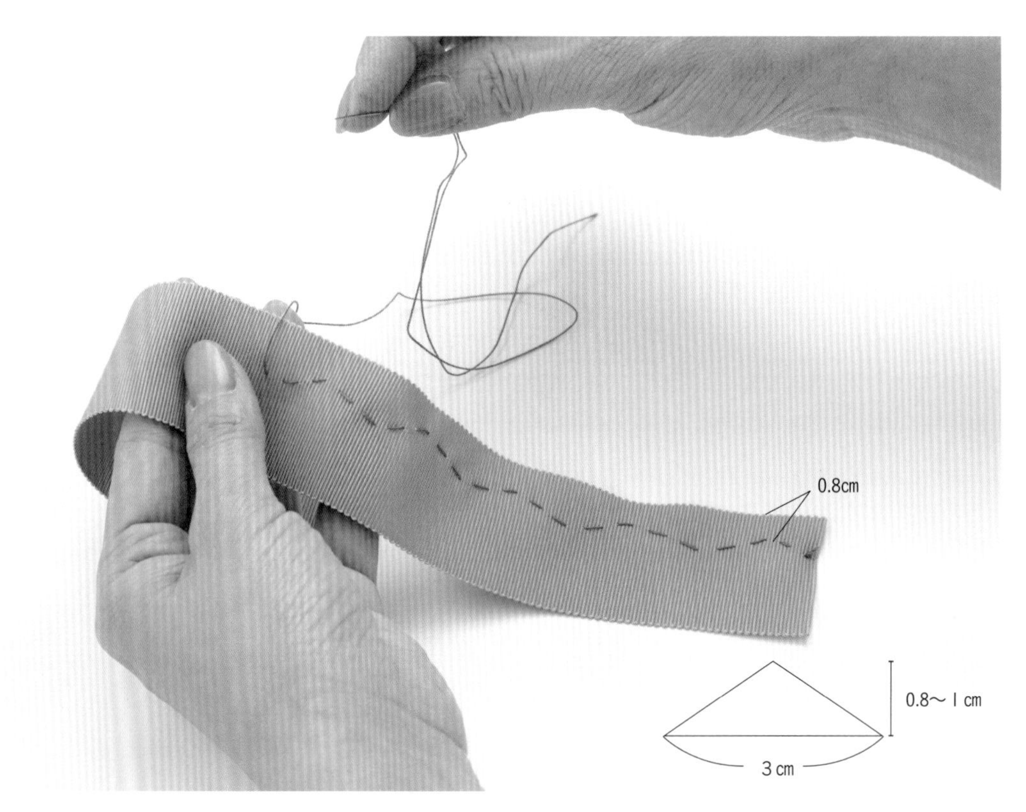

2 針に糸を1本取りで通し、写真のように縫っていく。リボンの片端を0.8㎝あけ、底辺3㎝、高さ0.8〜1㎝の二等辺三角形になるように0.5㎝間隔で縫う。

＊50㎜幅のリボンで縫う場合は、底辺5㎝、高さ1.5㎝の二等辺三角形で縫う。
＊100㎜幅のリボンで縫う場合は、底辺10㎝、高さ3㎝の二等辺三角形で縫う。

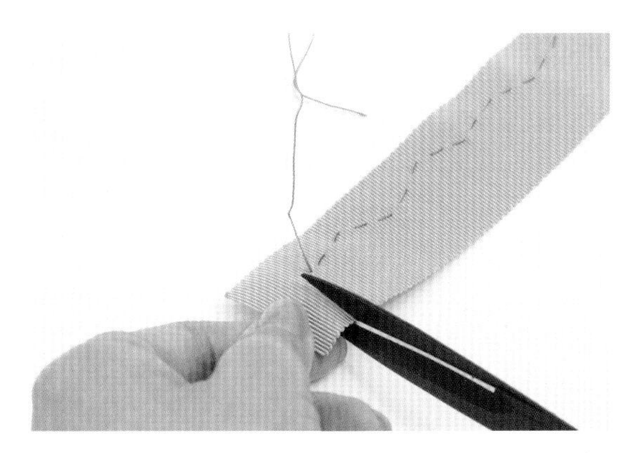

3 縫い終わりは縫い始めと同様に底辺で終わらせ、リボンが余る場合は切って調整する。

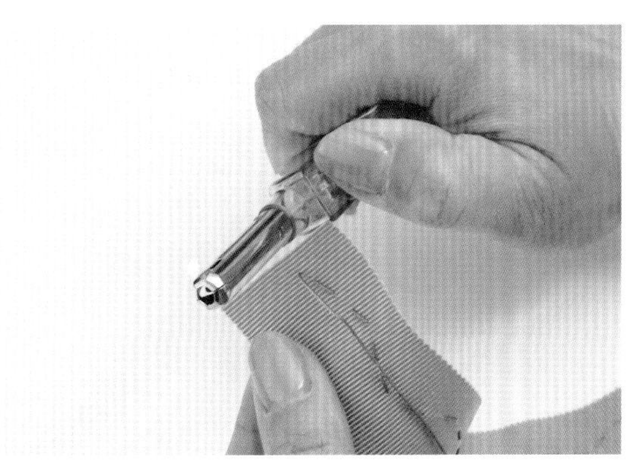

4 縫い始め同様に縫い終わりもリボンの切り口をライターで炙り、ほつれないようにする。

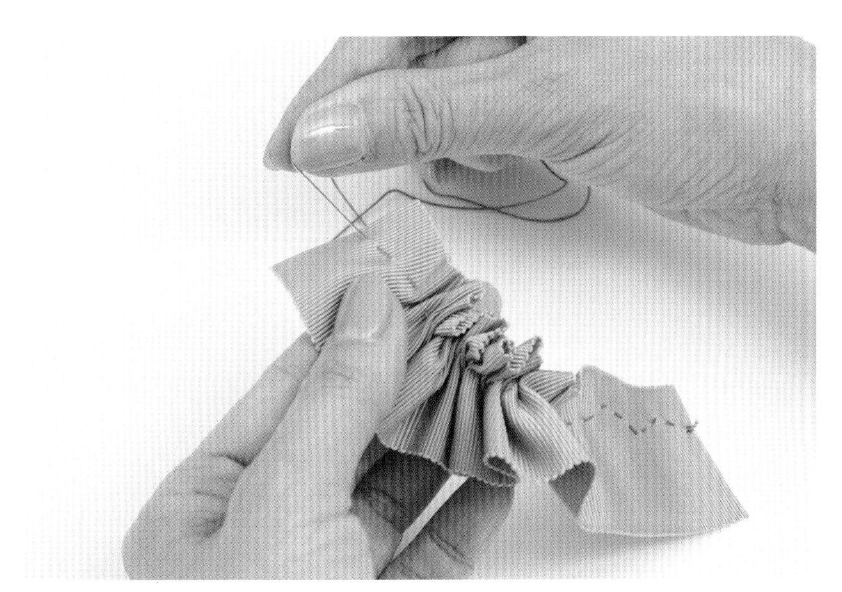

5 リボンを絞っていく。糸が切れてしまわないように注意する。絞りにくい場合は、絞りながら縫い進めてもよい。

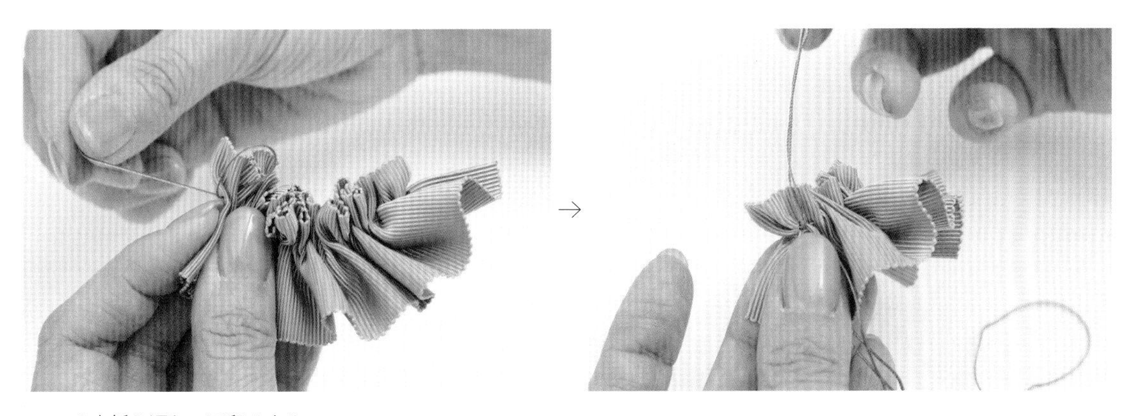

6 2山折り返し、玉留めする。

AIR

エアー

PHOTO > P. 10

空気をまとうように身につけてほしいデザイン。
揺れる長い脚のリボンは軽さを出したいときに重宝します。
ヘアクリップ、ブローチ、ハットピンなど、いろいろなアレンジができます。

材料（光沢やハリのあるリボンが合う。
リボン幅は15〜36㎜のものがおすすめ）

ヘアクリップ（左）
メタリックグログランリボン（15㎜幅・45㎝×２）、
ヘアクリップ
→ でき上がりリボンサイズ20㎝

バッグチャーム（右）
スエードテープ（36㎜幅・70㎝×２）、バッグチャーム
→ でき上がりリボンサイズ30㎝

＊リボンでができ上がったら、バッグチャームを
リボン後ろに縫いつける。

道具
ハサミ、ライター、糸、針、両面テープ

ヘアクリップ
リボン後ろにヘアクリップを糸で縫いつける。

エアーの作り方 ● 36㎜幅・70㎝ × 2 → でき上がり目安 30㎝

1 リボンの切り口をライターで炙り、ほつれないようにする。

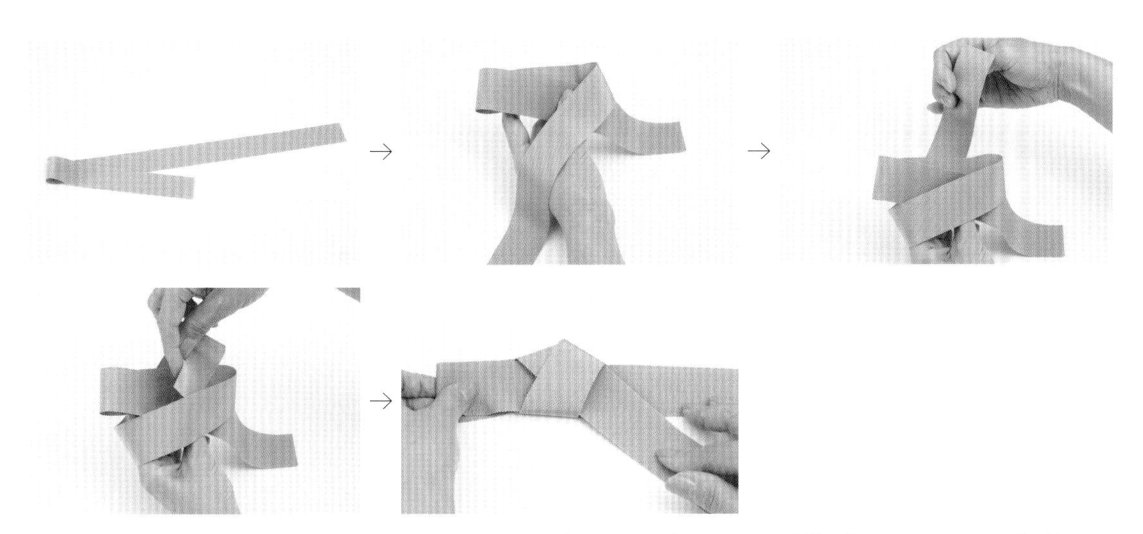

2 リボンの左端を3分の１で手前に折る。長いほうを上に重ね、下から後ろに回し、手前の輪っかに入れてひと結びする。

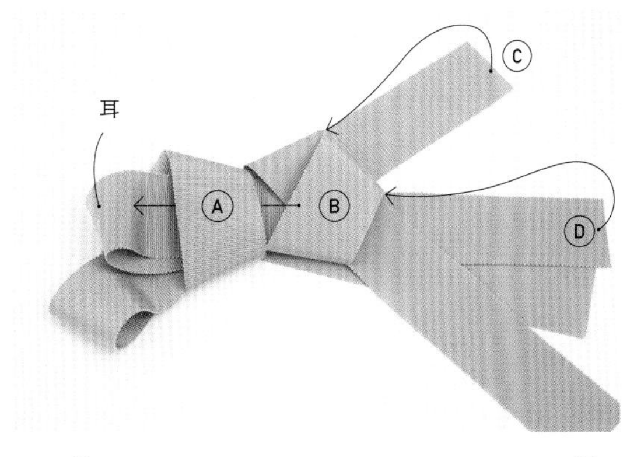

3 2をもうひとつ作る。

4 Ⓐの結び目にもうひとつのリボンの耳を入れる。Ⓒ をⒷの結び目の裏に入れる。バランスを見ながら、同様にⒹをⒷの裏へ入れる。折り込んだ脚は崩れないように両面テープで固定する。

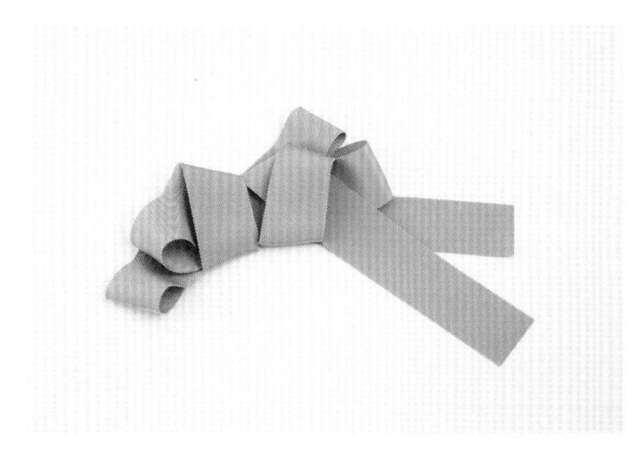

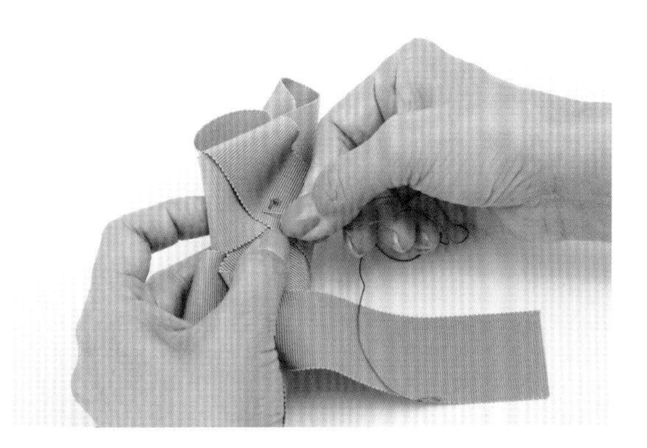

5 脚をリボンの耳に入れ、脚を交差させて折り込むことで一体感と立体感が生まれる。

6 リボンが崩れないように縫いつける（表に縫い目が出ないように気をつける）。

NEO

ネオ

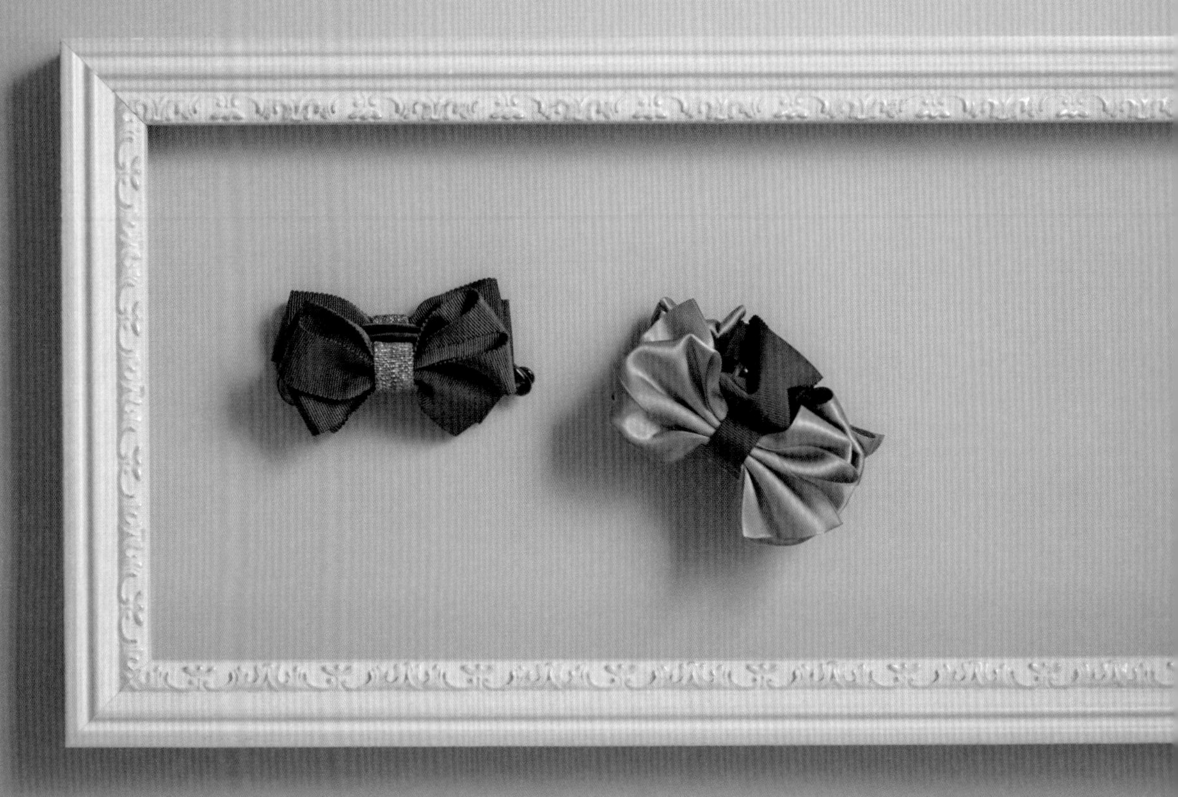

王道なデザインをちょっとしたバランスで大人エレガントに崩します。
シンプルだけれど上品。そんなスタイルが永遠の大人リボンのテーマです。
主役になり過ぎず、控えめ過ぎず、絶妙な存在感のリボンが"ネオ"。

材料（光沢やハリのあるリボンが合う。
リボン幅は25〜50mmのものがおすすめ）

バナナクリップ（左）
グログランリボン（25mm幅・50cm×２本）、
メタリックグログランリボン
（36mm幅・６cm×２本）、バナナクリップ
→ でき上がりリボンサイズ10cm

バンスクリップ（右）
ダブルフェイスサテンリボン
（50mm幅・50cm×２本）、
グログランリボン（36mm幅・12cm×３本）、
バンスクリップ
→ でき上がりリボンサイズ10cm

道具
ワイヤー、ハサミ、ニッパー、ライター、
グルーガン、仮止めクリップ、両面テープ、
カチューシャテープ

バナナクリップ
２個のリボンを作り、グルーガンまたは
両面テープでバナナクリップにつける。

バンスクリップ
２個のリボンを作り、バンスクリップのつまみ部分に12cmのリボンをツイストさせて両面テープでつける（P.109参照）。作った２個のリボンをグルーガンまたは両面テープでつける。

ネオの作り方　● 36㎜幅・50㎝ → でき上がり目安 10㎝

1 リボンの切り口をライターで炙り、ほつれないようにする。

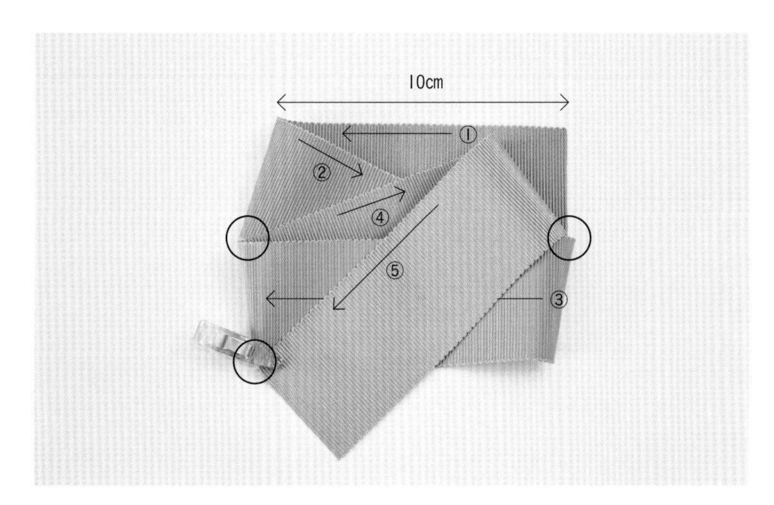

2 10㎝幅で手前に折り、写真のように上に重ねる。④は後ろから折り、手前に垂らす。このときのポイントは両サイドの3つの角を揃えること。

3 中心から4つ山を作る。
＊25㎜幅の場合は中心から2山を作り、両サイドは谷折りにする。

4 作った山を崩さないようにワイヤーを前からかけてねじる。

5 ワイヤーを後ろでねじり、余分な長さをニッパーで切る。

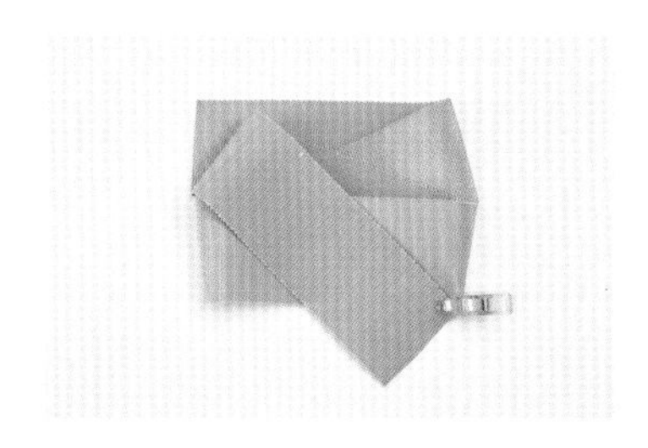

6 クリップなどにつける際は、左右対称になるように折り方を反転させる。

7 2個のリボンをワイヤーでまとめた状態。

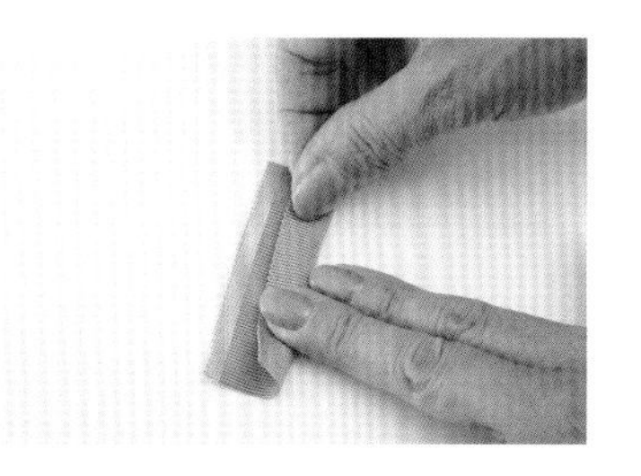

8 リボンのセンターを作る。6㎝長さのリボンの端に両面テープをつけ、三つ折りにする。

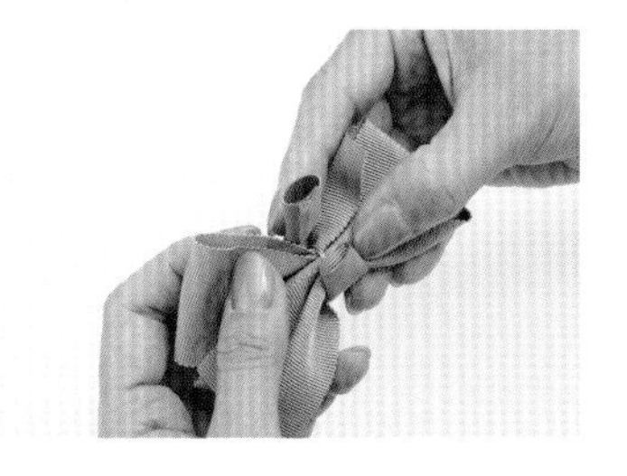

9 リボンの後ろに両面テープをはる。裏側下から手前に**8**を巻きつける。

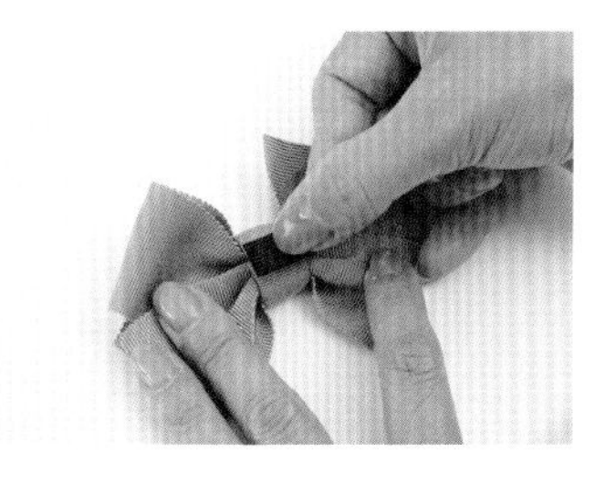

10 さらに補強するためにカチューシャテープを後ろにつける。

11 2個のリボンができ上がった状態。

PLATINUM

プラチナム

PHOTO > P. 12、25、36

ストレートなリボンの端と細かいギャザーのコントラスト。
フラットな形でありながら多様なアレンジを楽しめる新しいデザイン。
「リボンを楽しんじゃおう！」。そんな気持ちで考案したリボンです。

材料（薄く、光沢のあるリボンが合う。リボン色幅は50mm以上がおすすめ）

A　トートバッグ
ダブルフェイスサテンリボン２色（100mm幅・１m×４）、
トートバッグ（持ち手28cm）
→ でき上がりリボンサイズ20cm

B　ネックレス
ルミナスリボン（75mm幅・70cm）、チェーンネックレス
→ でき上がりリボンサイズ30cm

C　カードケース
ルミナスリボン（75mm幅・60cm）、カードケース
→ でき上がりリボンサイズ22cm

道具
ハサミ、ライター、糸、針、グルーガン、両面テープ

A　トートバッグ
トートバッグの持ち手に２色のリボンが交互になるように配置し、リボンが表側に向くように縫いつける。

B　ネックレス
均等な間隔でリボンをチェーンに糸で縫いつける。

C　カードケース
好みのバランスでカードケースに配置し、グルーガンまたは両面テープでつける。リボンの縫われていない部分は好みで切り落とし、ほつれないようにライターで切り口を炙る。

プラチナムの作り方

● 50mm幅・30cm → でき上がり目安 15cm

1 リボンの切り口をライターで炙り、ほつれないようにする。

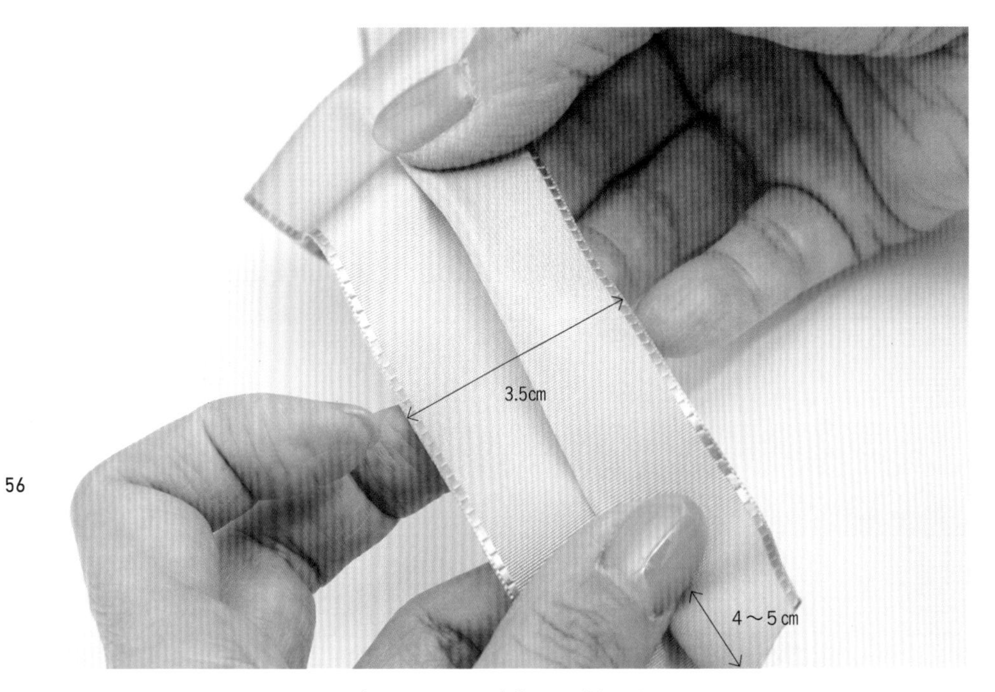

2 切り口を4～5cmあけ、3.5cm幅になるように中心でひだをつける。

＊75mm幅で縫う場合は、5.5cm幅になるように縫う。
＊100mm幅で縫う場合は、7cm幅になるように縫う。

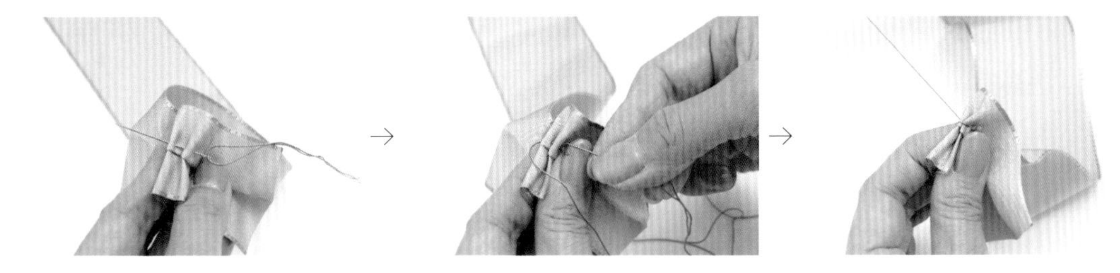

3 針に糸を1本取りで通し、0.7～0.8cm間隔の幅で2目縫ったら、2目戻って再度糸を出す。

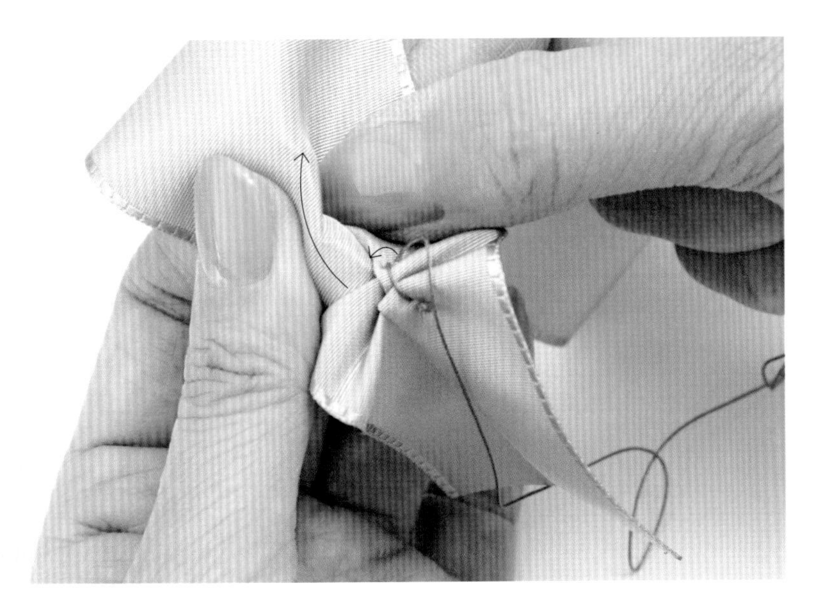

4 重なりを逆にする。

5 3と同様に、２目縫って２目戻り、再度糸を出す。重なりを交互に変えながら縫っていき、リボンの残りが４～５㎝までになったら、２山折り返し、玉留めする。

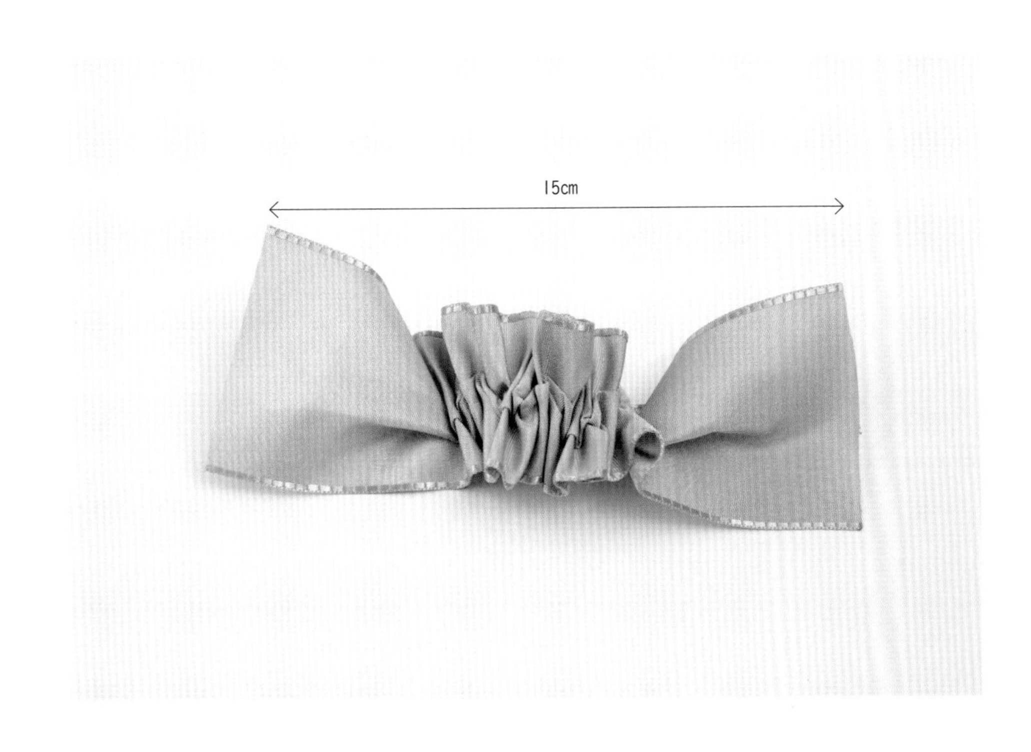

ROLLING

ローリング

PHOTO > P. 13、34

真っ直ぐに縫ってねじるだけでおもしろいデザインが生まれます。
リボンの幅を変えると表情も変わり、
違うデザインに見える楽しいリボンです。

材料（光沢があり、ハリのあるリボンが合う。
リボン幅は15〜50mmのものがおすすめ）

A バングル
メタリックグログランリボン（36mm幅・1m）、フェイクレザーひも（45cm×2）
→ でき上がりリボンサイズ13cm

B ネックレス
メタリックグログランリボン（36mm幅・85cm）、
シルクジョーゼットリボン（50mm幅・85cm）、チェーンネックレス
→ でき上がりリボンサイズ10cm
*メタリックグログランとオーガンジーのリボンを重ねて縫う。

C イヤリング
メタリックグログランリボン（15mm幅・30cm）、イヤリング（丸皿）
→ でき上がりリボンサイズ4.5cm

道具
ハサミ、ライター、糸、針、グルーガン

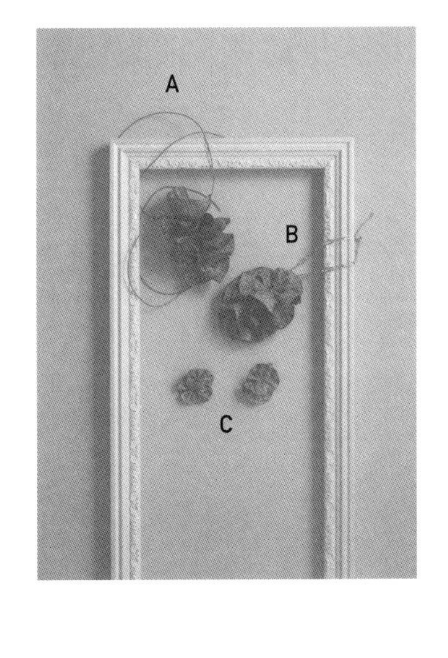

A バングル
2本のフェイクレザーひもをリボンに絡ませる。糸で縫いつけると強度が増す。

B ネックレス
均等に間隔をあけ、チェーンネックレスに糸で縫いつける。

C イヤリング
バランスを見て、グルーガンでイヤリングパーツをつける。

ROLLING　　ローリングの作り方

● 36mm幅・50cm → でき上がり目安7cm

1　リボンの切り口をライターで炙り、ほつれないようにする。

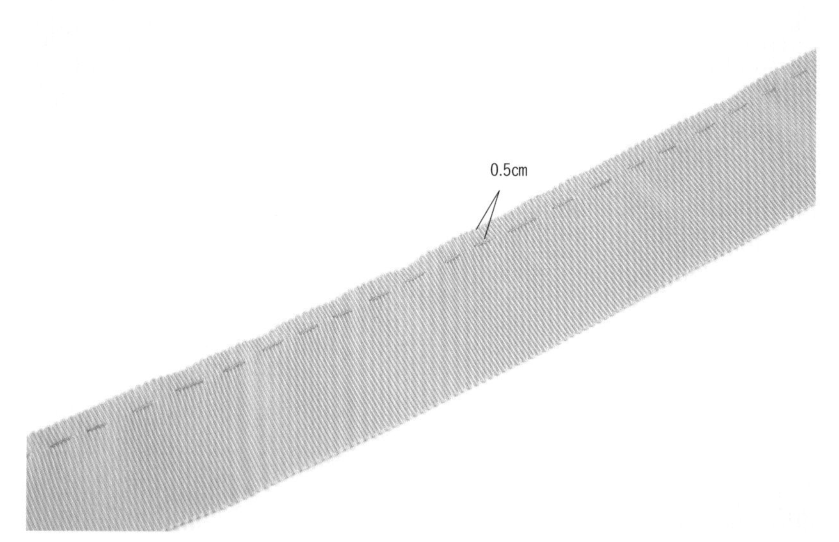

2　針に糸を1本取りで通し、リボンの片端を0.5cmあけ、0.5〜0.8cm間隔で縫っていく。

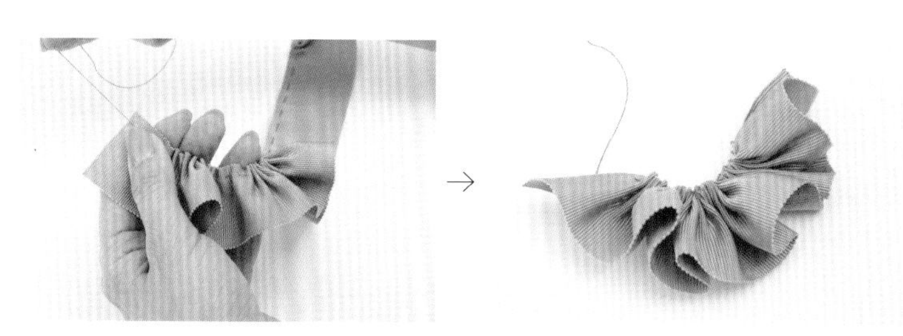

3　最後まで縫ったら、リボンを絞っていく。糸が切れてしまわないように注意する。絞りにくい場合は、絞りながら縫い進めてもよい。

4　2山折り返し、玉留めする。

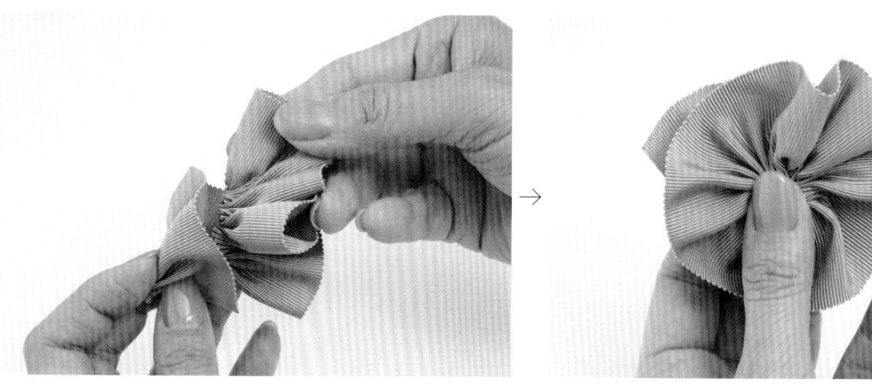

5　くるくるとリボンをねじり、丸く形を整える。

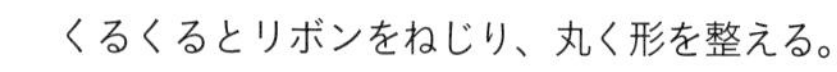

RAIN

レイン

PHOTO > P. 14、15

さりげなく傘にリボンをつけてみたら可愛い目印に。
小さく作るとこれまた愛らしく、揺れるイヤリングにもぴったり。
肌にスッと溶け込むナチュラルなデザインです。

材料（薄手のリボンが合う。
リボン幅は50㎜以上のものがおすすめ）

アンブレラマーカー
グログランリボン（50㎜幅・20㎝×2）、
好みのリボン2種適量
（傘とリボンのセンター）、傘
→ でき上がりリボンサイズ9㎝

イヤリング
ルミナスリボン（75㎜幅・11㎝）、
好みのひも適量（リボンのセンター）、
イヤリング、丸カン、チェーン
→ でき上がりリボンサイズ5㎝

道具
ワイヤー、ハサミ、ニッパー、糸、針、
両面テープ、カチューシャテープ

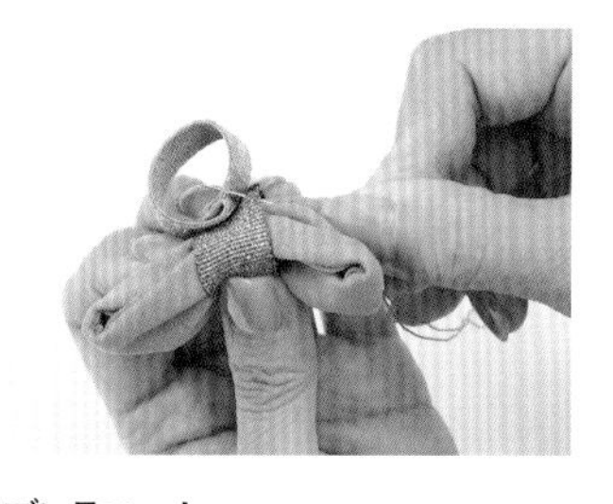

アンブレラマーカー
リボンを輪っか状にしたものを糸で縫いつける。傘に通すリボンは伸縮性のあるものが便利。

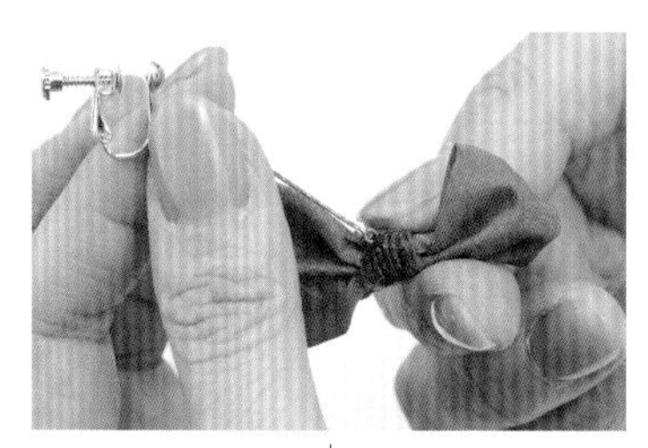

↓

イヤリング
イヤリングに丸カンでチェーンを取りつけたのち糸でチェーンをリボンに縫いつける。さらに両面テープを巻いてその上からひもを巻く。

レインの作り方 ● 50㎜幅・20㎝ → でき上がり目安９㎝

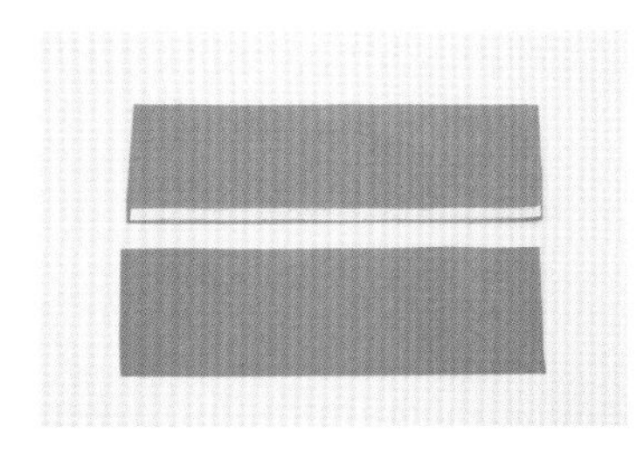

1 リボンを半分の長さに切る。

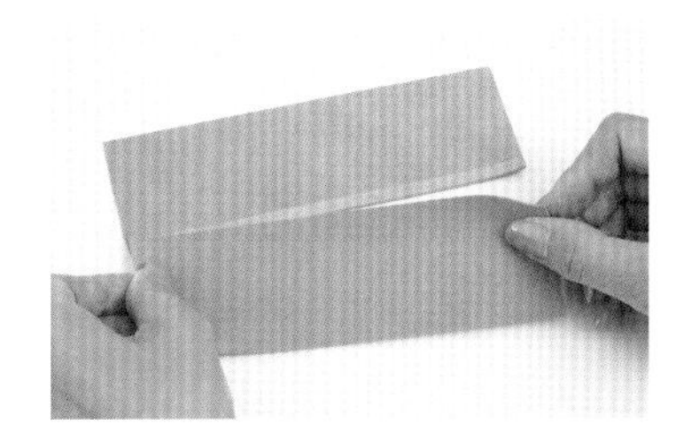

2 １本のリボンの片端に５㎜幅の両面テープをはり、リボンをつなげて幅を出す。

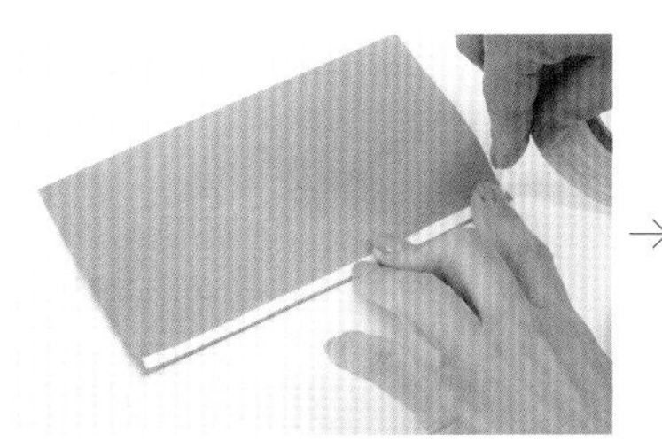

→

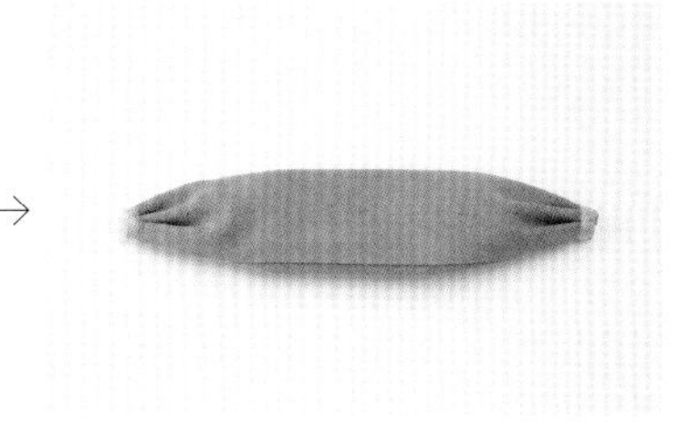

3 さらにリボンの片端に両面テープをはり、筒状にする。

イヤリングのような小ぶりのサイズを作る際は**1**～**3**を省き、二つ折りにして筒状にする。

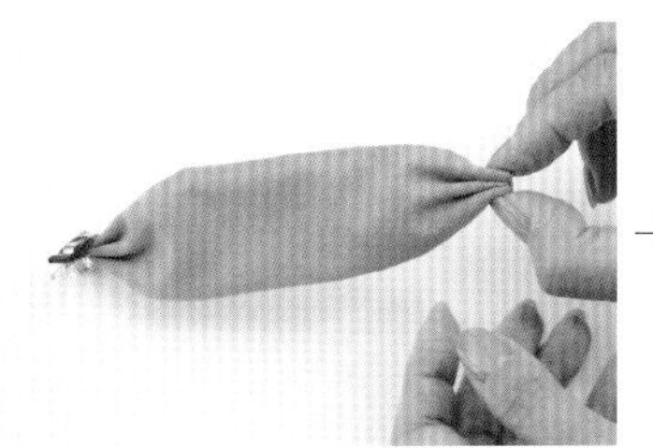

→

4 **3**の左右を中心から３つ山を作り、両面テープでつける。

5 **4**の中心に３つ山を同様に作り、ワイヤーでくくる。ワイヤーを前からかけて後ろでねじり、余分な長さをニッパーで切る。

6 左右のリボンの端をＳ字で中央に折る。

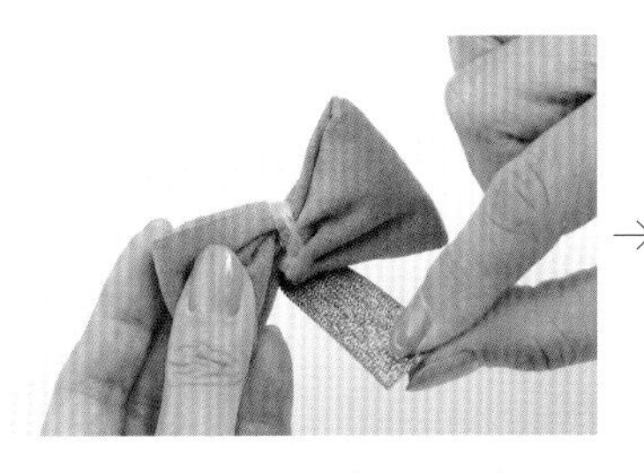

→

7 中心に両面テープをつけ、好みのリボンをセンターに巻く。リボンのセンターを巻く際はリボン後ろの下から前を通り、一周する。

ROSE

ローズ

PHOTO > P. 16、32

本物のバラ以上に華やかさを演出するリボンです。
軽やかな薄手のリボンで作ればエアリー感が出て、
厚みのあるリボンで作ればきっちりとした印象に。

材料（光沢があり、ハリのあるリボンが合う。リボン幅は50mm以上がおすすめ）

キャンドルデコレーション（＊火気注意）
ルミナスリボン（75mm幅・50cm×３）、フェイクレザーひも適量、キャンドル
→ でき上がりリボンサイズ13×高さ15cm

ブローチ（リボンチーフとしても）
ベルベットリボン（50mm幅・35cm）、回転ピン
→ でき上がりリボンサイズ10×高さ10cm

道具
ハサミ、ライター、糸、針、まち針

キャンドルデコレーション
３個のリボンを作り、ボリュームを出すように糸でつなげる。フェイクレザーのひもを巻きつけ、キャンドルに巻く。キャンドルに火をつける際は、リボンを外す。

ブローチ
リボン後ろに回転ピンを糸で縫いつける。

ローズの作り方 ● 50mm幅・35cm → でき上がり目安 10× 高さ 10cm

1 リボンの切り口をライターで炙り、ほつれないようにする。

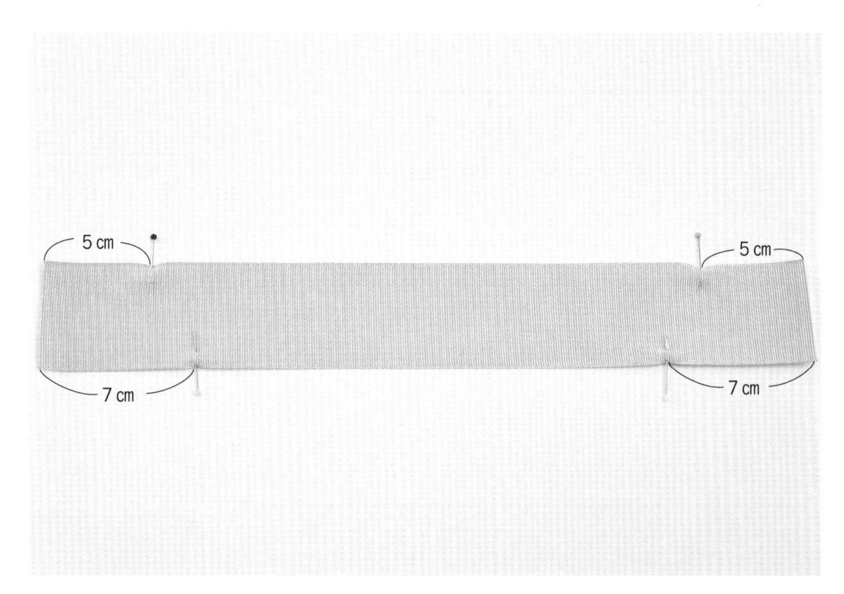

2 写真のように５cmと７cmの場所にまち針で印を打つ。
＊75mm幅のリボンで縫う場合は、７cmと10cmの場所にまち針で印を打つ。

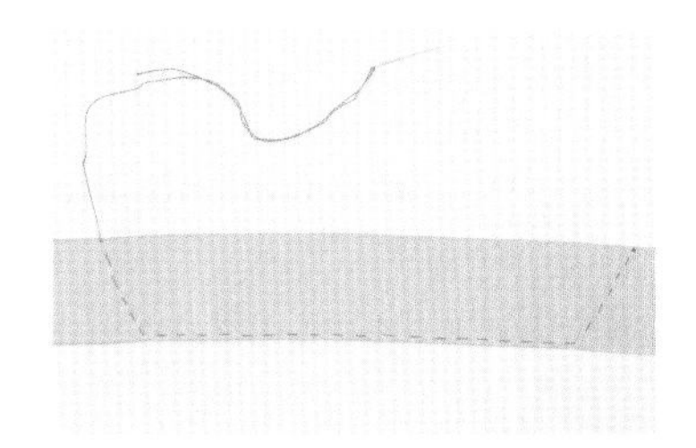

3 針に糸を１本取りで通し、台形を描くように最後まで0.5cm間隔で縫っていく。

4 最後まで縫ったら、糸が切れてしまわないように注意しながら絞る。絞りにくい場合は、絞りながら縫い進めてもよい。ぎゅっと絞ると、丸い形になる。

FLUIDE

フリュイド

PHOTO > P. 17、35

「流れに身を任せて」
緩やかな曲線は、たわわに実った果実のよう。
健康的な女性らしいシルエットがイメージです。

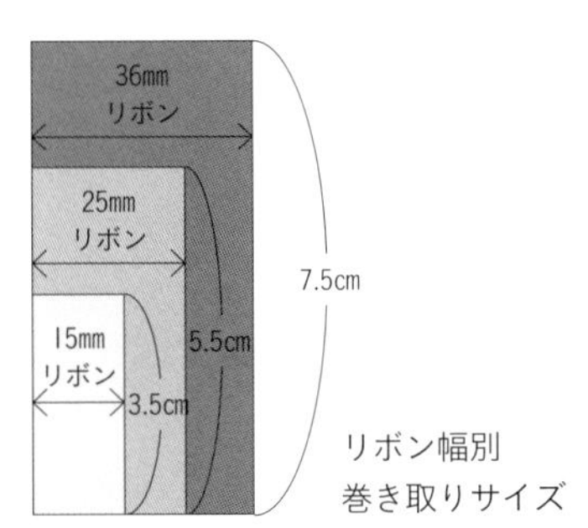

リボン幅別
巻き取りサイズ

材料（光沢、質感のあるリボンが合う。
リボン幅は細めのものから太めのものまでアレンジが利く）

ハンガー、ブローチ（左）
グログランリボン（25mm幅・1m）、ハンガーまたは回転ピン
→ でき上がりリボンサイズ11cm×長さ25cm
＊ハンガーに取りつける際は、グルーガンまたは両面テープで取りつける。

ブローチ（中）
メタリックグログランリボン（15mm幅・65cm）、回転ピン
→ でき上がりリボンサイズ6cm×長さ17cm

ブローチ（右）
グログランリボン（36mm幅・1.1m）、回転ピン
→ でき上がりリボンサイズ13cm×長さ25cm

道具
ハサミ、ライター、糸、針、グルーガン、カチューシャテープ、
両面テープ、厚紙

ブローチ
リボン後ろに回転ピンを糸で縫いつけてもいいが、カチューシャテープを使うとさらに手軽。ハンガーは、グルーガンでつけてもよい。

ファッション小物以外にも、太めのリボンで作れば、ワインボトルのデコレーションにもぴったり。テーブルを華やかに彩ってくれるアクセントになる。裏表のあるリボンは逆さにし、垂らすリボンを表にするとよい。色違いのリボンを継ぎ足してもよい。50㎜幅のベルベットリボンを1.3m使い、８㎝幅の厚紙に巻いて作る。

FLUIDE　　フリュイドの作り方

● 36㎜幅・1.1m → でき上がり目安 25㎝

1 リボンの幅に合わせて厚紙を切り（P.66参照）、厚紙とリボンの切り口を揃える。

2 ゆるまないようにリボンを引っ張りながら、7巻きする。

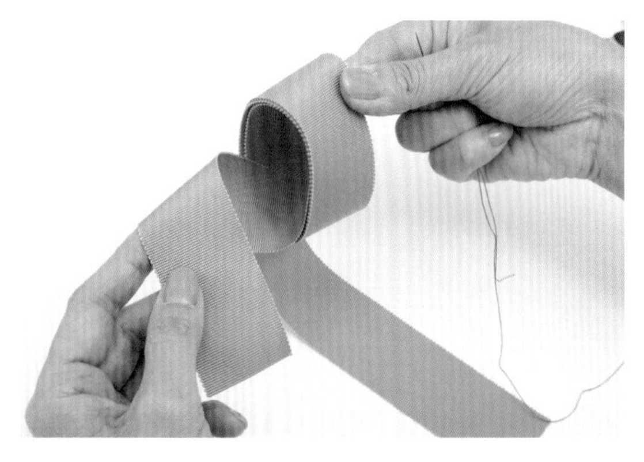

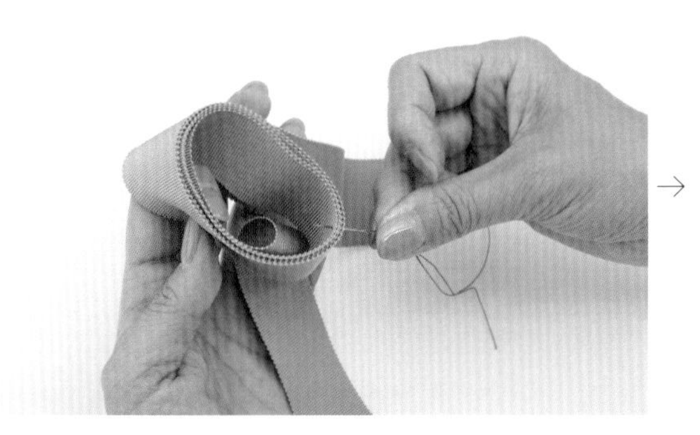

3 内側のひと巻きを外す。

4 ばらけないように、リボンの片端を1か所糸で縫いつけて固定する。

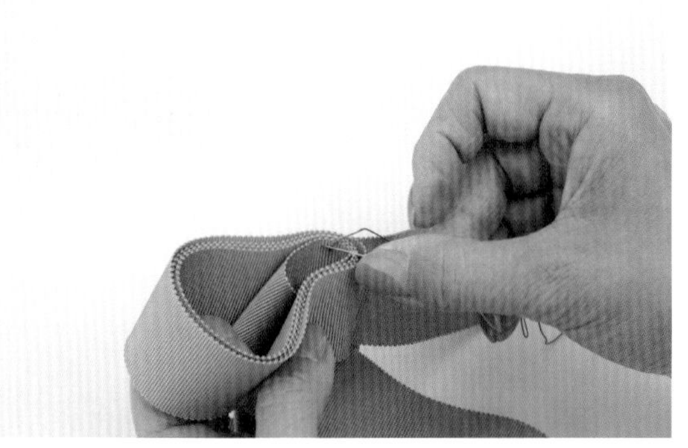

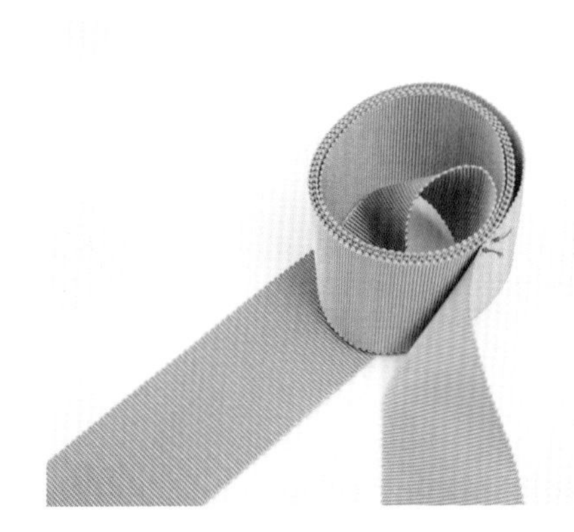

5　縫いつけた状態。

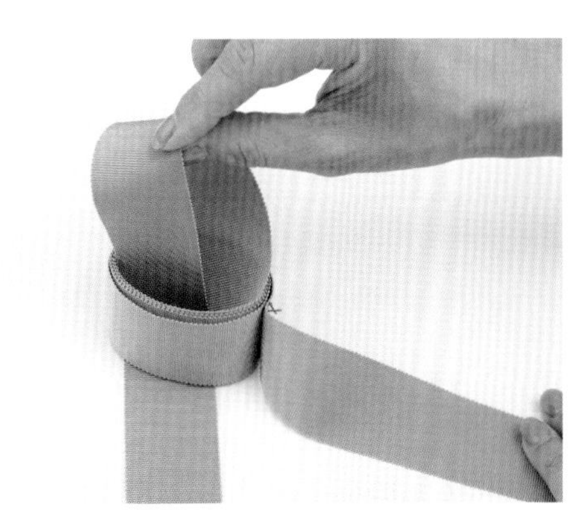

6　縫いつけた側に 3 を引き出す。

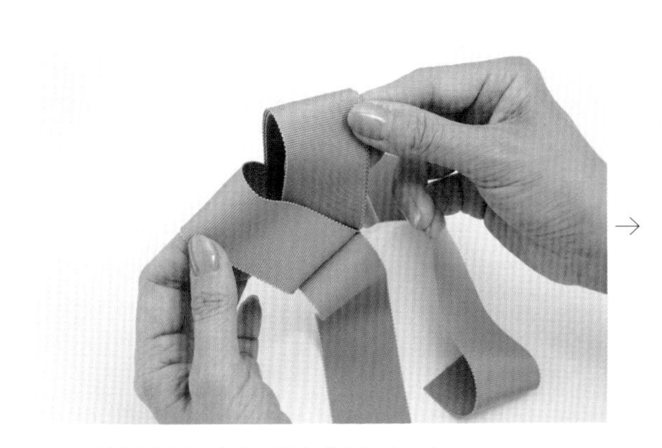

→

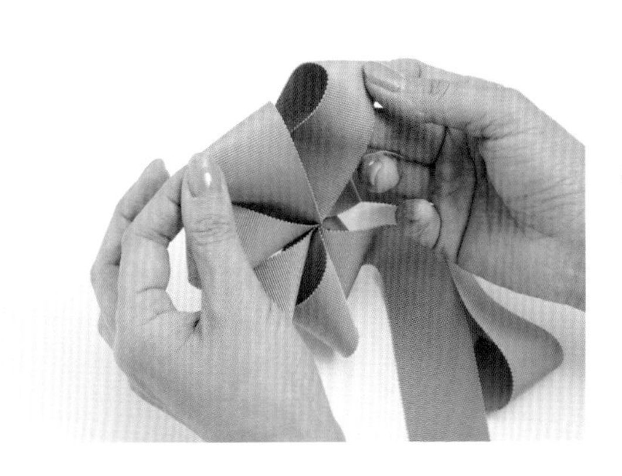

7　外側から同じ方向に輪をずらしていく。

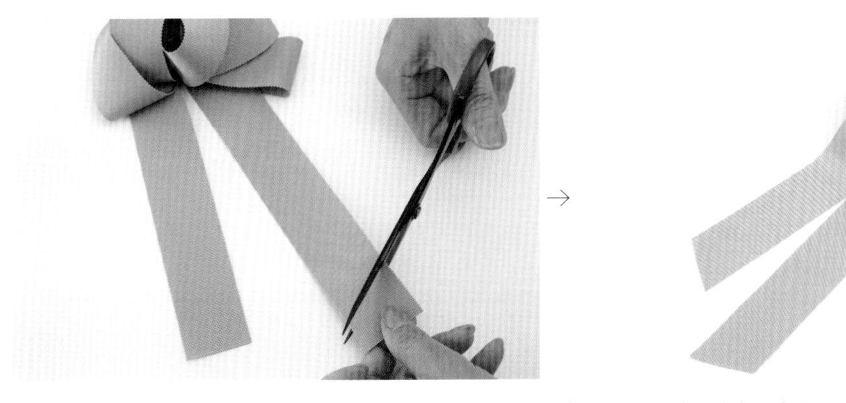

8　好みの長さにリボンを切る。リボンの切り口をライターで炙り、ほつれないようにする。

MORE

モア

PHOTO > P. 35

折って、くるっと巻いてを繰り返して作るリボン。
松葉のようにも、ぶどうの房のようにも見える不思議なデザイン。
細めのリボンで作るのがおすすめです。

材料（ハリのある裏表のないリボンが合う。リボンは25㎜幅以下がおすすめ）

ブローチ（左）
メタリックグログランリボン（15㎜幅・1m）、回転ピン
→ でき上がりリボンサイズ10㎝
＊リボンでができ上がったら、リボン後ろに回転ピンを糸で縫いつける。

ヘアピン（右）
ベルベットリボン（12㎜幅・80㎝）、ヘアピン
→ でき上がりリボンサイズ8㎝
＊リボンができ上がったら、リボン後ろにヘアピンを糸で縫いつける。

道具
ハサミ、ライター、糸、針、仮止めクリップ、両面テープ

モアの作り方　● 25mm幅・1.3m → でき上がり目安 13cm

1　リボンの切り口をライターで炙り、ほつれないようにする。

2　4cmで折り、切り口に両面テープをはって固定する。

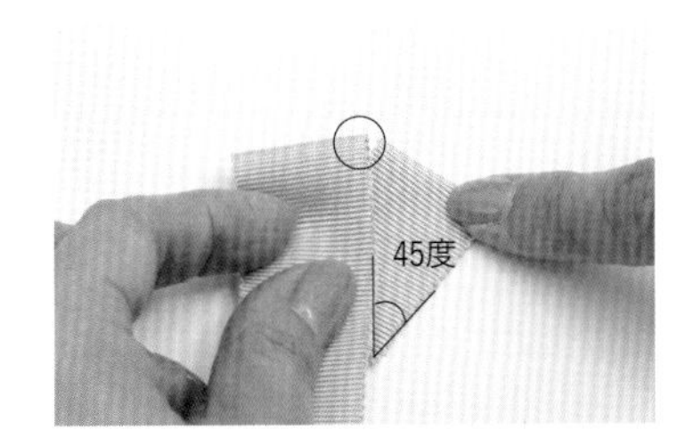

3　折り目を下にして同じ幅で折り、45度重ねて両面テープで固定する。角を揃えるのがポイント。

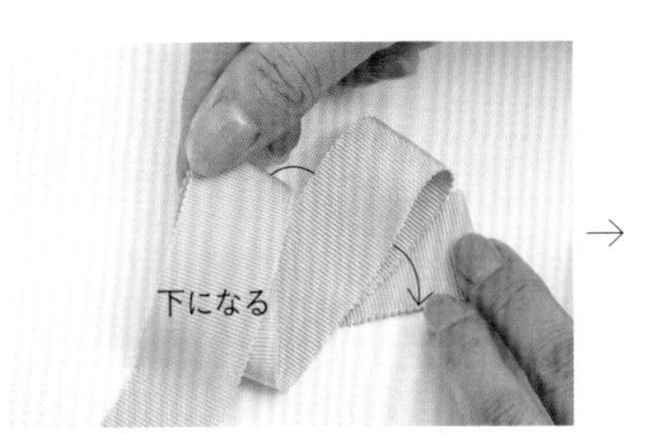

4　同様に同じ幅になるように折り、3の下に表面が下になるようにくるりと返して通す。

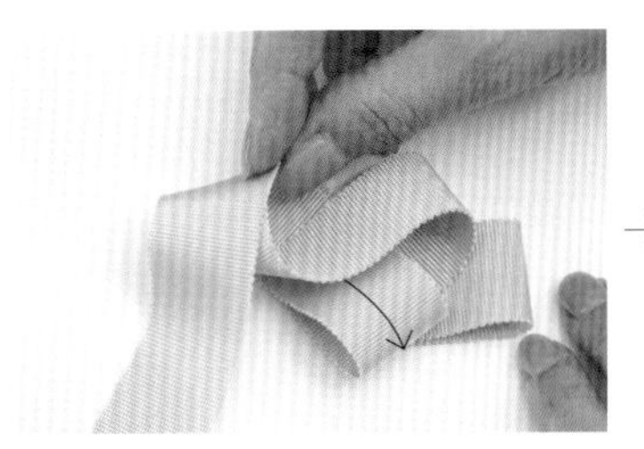

5　4の大きさに合わせ、リボンを再度くるりと巻く。

6　3～5を繰り返し、左右にぞれぞれ4ひだずつ作る。

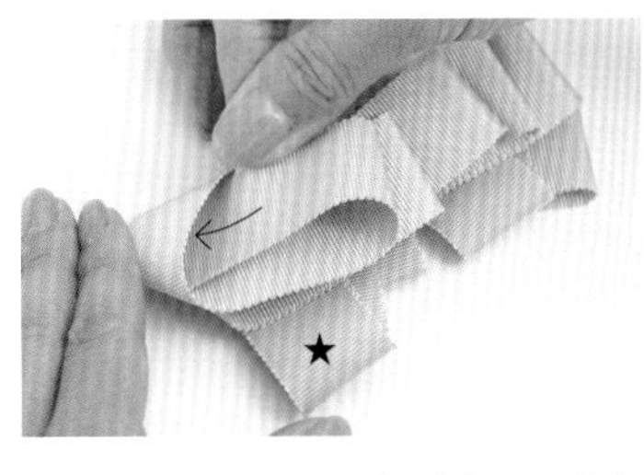

7　長さを見て、リボンを切る。さらにくるりと巻いた中にリボンの端を入れ、両面テープで固定する。ヘアピンのようにリボンの脚を垂らすときは、くるりと巻くことを省き、左側にあるリボンの空洞の中★に通す。

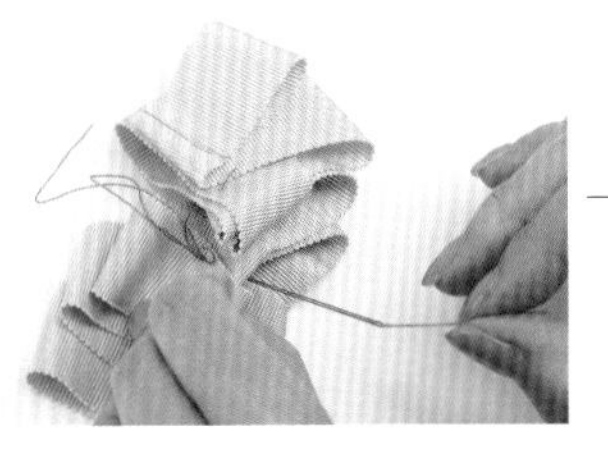

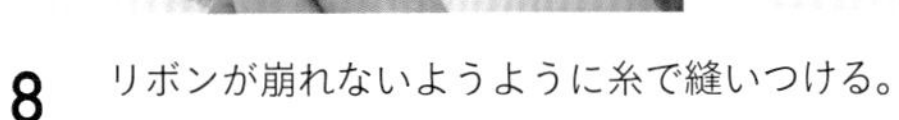

8　リボンが崩れないようように糸で縫いつける。

SYMPHONY

シンフォニー

PHOTO ＞ P. 18、19、30

音楽が聞こえてきそうな揺れるリボン。
動きと立体感のある、華やかなデザインです。
かごのリボンは色を変えて重ねると、カジュアルな雰囲気に。

材料（どんなリボンも華やかになるが、あまり厚くないリボンが合う。
リボン幅は36mm以上がおすすめ）

A　リース
オーガンジーリボン（38mm幅×３m）、タフタリボン（75mm幅・90cm）、
直径15cmの発泡スチロールリース
→ でき上がりリボンサイズ20cm

B　リース
メタリックグログランリボン（36mm幅×２m）、タフタリボン（75mm幅・90cm）、
直径15cmの発泡スチロールリース
→ でき上がりリボンサイズ18cm

C　かごバッグ
グログランリボン２色（36mm幅・１m×４）、かごバッグ
→ でき上がりリボンサイズ15〜18cm

道具
ハサミ、ライター、糸、針、グルーガン、両面テープ

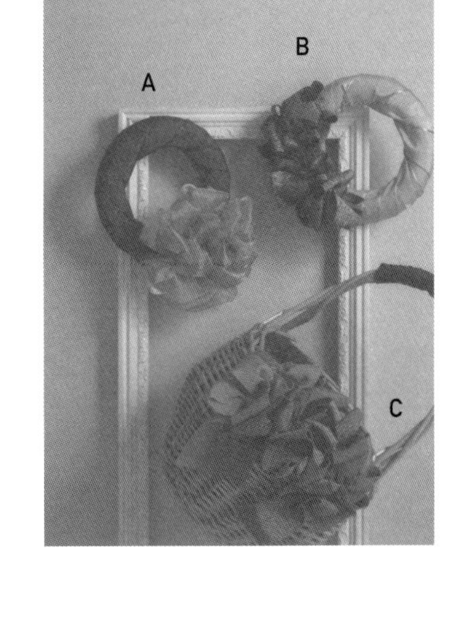

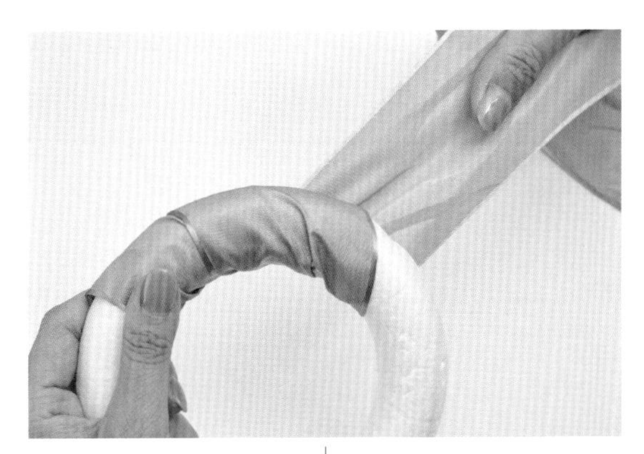

↓

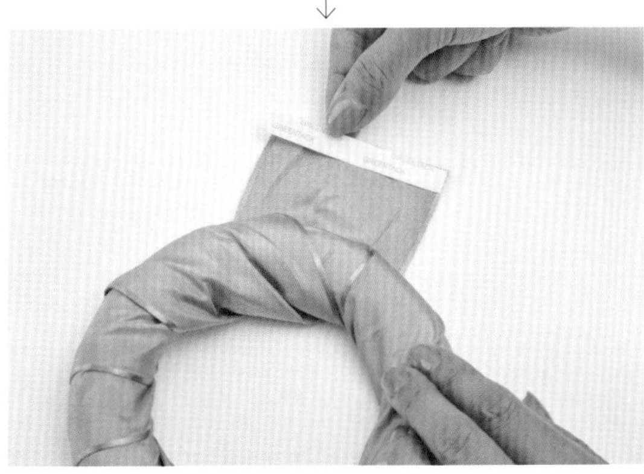

リース
リースに両面テープをひと巻きし、タフタリボンを螺旋状に巻いていく。巻き終わりはリボンの端に両面テープをはり、しっかりはりつける。リボンはグルーガンで好みの位置につける。

かごバッグ
グルーガンでつけるのが簡単だが、糸で縫いつけると取り外しがしやすい。

シンフォニーの作り方 ●36㎜幅・1m → でき上がり目安 18cm

1 リボンの切り口をライターで炙り、ほつれないようにする。

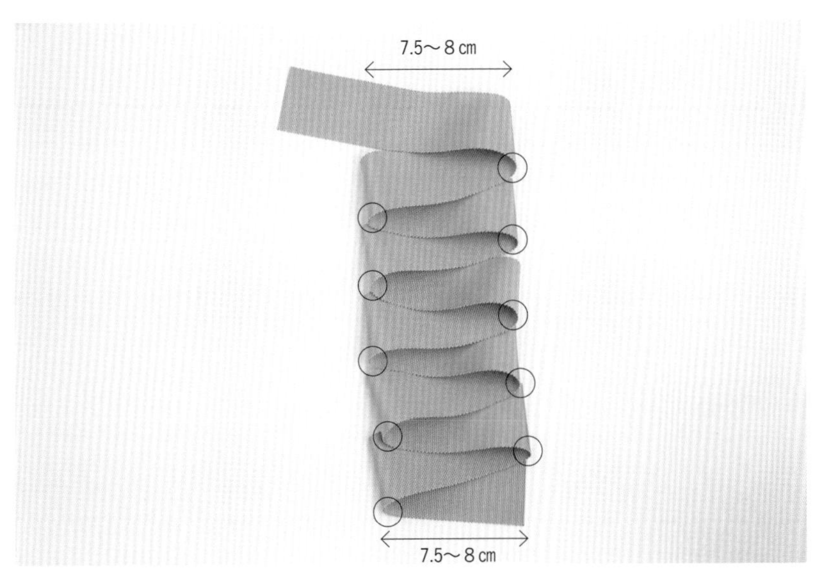

2 リボンを7.5〜8cm幅になるように角を合わせながら左右に折り返していく。

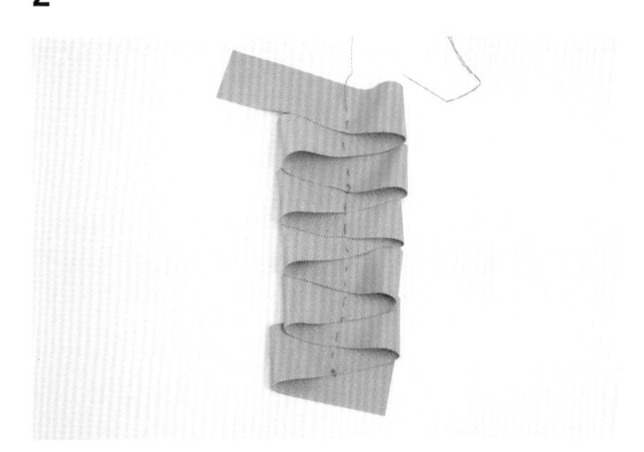

3 針に糸を1本取りで通し、2のリボンが重なっている部分の中心を0.7〜0.8cm間隔で縫う。

4 縫い終わったらリボンを絞っていく。糸が切れてしまわないように注意する。絞りにくい場合は、絞りながら縫い進めてもよい。

5 2山折り返し、玉留めする。玉留めしたほうがリボンの下側になる。垂らす部分は好みの長さに切り、ほつれないようにライターで炙る。

6 好みのバランスでリボンをねじり、動きをつける。

PROUD

プラウド

PHOTO > P. 20、25

シンプルなバッグも華やかに変身させてしまう、魔法のリボン"プラウド"。
トートバッグに手を通すと、ブレスレットのように見えます。
見た目だけでなく、自信も与えてくれそうです。

材料（光沢があってやわらかい、
ハリのあるリボンが合う。リボン幅は
80㎜以上のものがおすすめ）

かごバッグ
ダブルフェイスサテンリボン
（100㎜幅・1.6m）、かごバッグ
→ でき上がりリボンサイズ40㎝

トートバッグ
ダブルフェイスサテンリボン
（100㎜幅・1.8m、1.4m）、
トートバッグ（持ち手28㎝）
→ でき上がりリボンサイズ50、35㎝

道具
ハサミ、ライター、糸、針、グルーガン

かごバッグ
安全ピンでつけると簡単で取り外しやすいが、糸で輪になるように縫いつけるほうが安心。

トートバッグ
片方の持ち手のみにリボンをつける。長いほうのリボンをハンドル側に、短いほうを持ち手にも少し縫いつけつつ、２〜３回ねじって縮めながらバッグの際に丸く見えるようにつける。

プラウドの作り方 ● 100㎜幅・1.6m → でき上がり目安 40㎝

1 リボンの切り口をライターで炙り、ほつれないようにする。

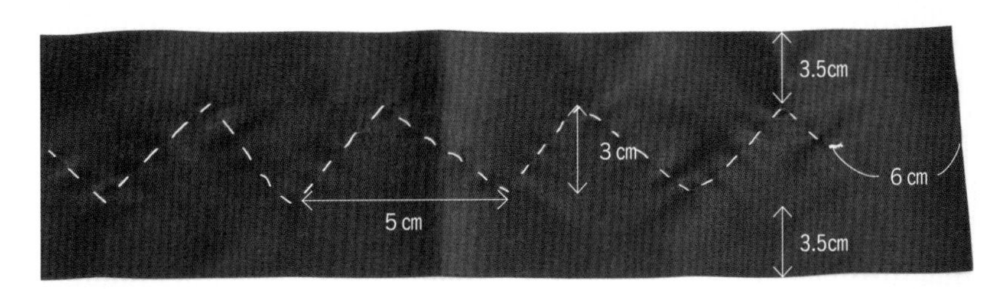

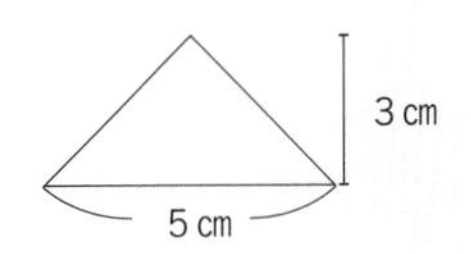

2 針に糸を１本取りで通し、６㎝あけて縫い始める。リボンの両端を3.5㎝あけ、底辺５㎝、高さ３㎝の二等辺三角形になるように0.5㎝間隔で縫っていく。
＊80㎜幅のリボンで縫う場合は、両端を３㎝あけ、底辺４㎝、高さ２㎝の二等辺三角形で縫う。

3 縫い終わったらリボンを絞っていく。糸が切れてしまわないように注意する。絞りにくい場合は、絞りながら縫い進めてもよい。

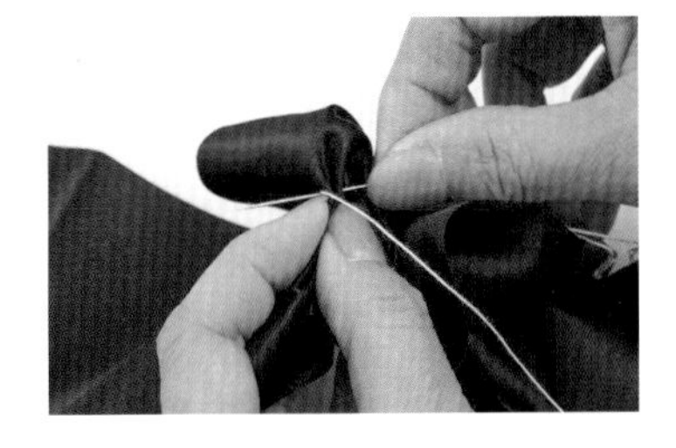
4 縫い終わりは縫い始めと同様に底辺で終わらせ、リボンが余る場合は切って調整する。２山折り返し、玉留めする。

5 縫い始め同様に縫い終わりもリボンの切り口をライターで炙り、ほつれないようにする。

HOW TO MAKE > P. 76

HOW TO MAKE > P. 80

ETERNAL

エターナル

PHOTO > P. 23

涙の雫にも見える“エターナル”。
輪にしてつなげたチャームは
まるで手話の「ずっと」を意味するようです。

材料（厚みのあるリボンが合う。
リボン幅は36mm以上がおすすめ）

バッグチャーム（左）
シェニールリボン２色（36mm幅・各90cm）、
バッグチャーム
→ でき上がりリボンサイズ12cm

バレッタ（中）
シェニールリボン（36mm幅・35cm）、バレッタ
→ でき上がりリボンサイズ11cm
＊リボンでができ上がったら、リボン後ろにバレッタを糸で縫いつける。

バッグチャーム（右）
モアレリボン（50mm幅・50cm×２）、
バッグチャーム
→ でき上がりリボンサイズ８cm

道具
ハサミ、ライター、糸、針

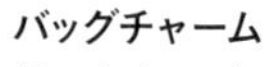

バッグチャーム
輪にしたリボンはチャームの二重リングにも通しやすい。

エターナルの作り方　● 36㎜幅・50㎝ → でき上がり目安８㎝

1　リボンの切り口をライターで炙り、ほつれないようにする。

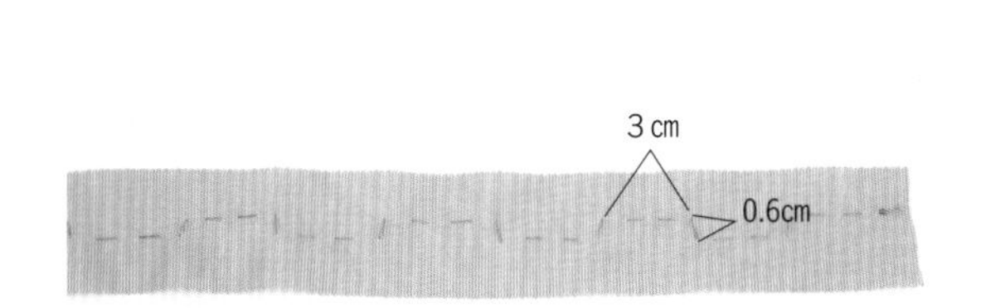

2　針に糸を１本取りで通す。３㎝ごとに凸凹に0.6㎝の振り幅で縫っていく。

＊50㎜幅のリボンで縫う場合は、振り幅を１㎝取り、３㎝ごとに凸凹に縫う。

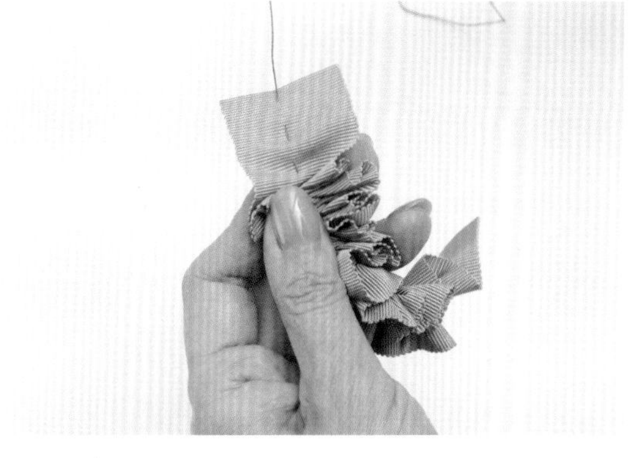

3　リボンを最後まで縫ったら、絞っていく。糸が切れてしまわないように注意する。絞りにくい場合は、絞りながら縫い進めてもよい。

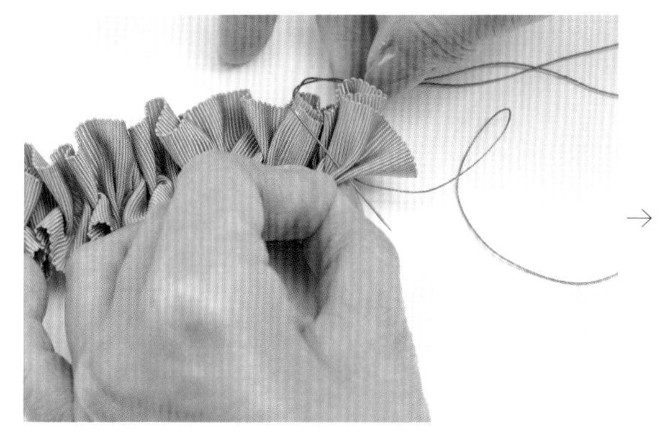

→

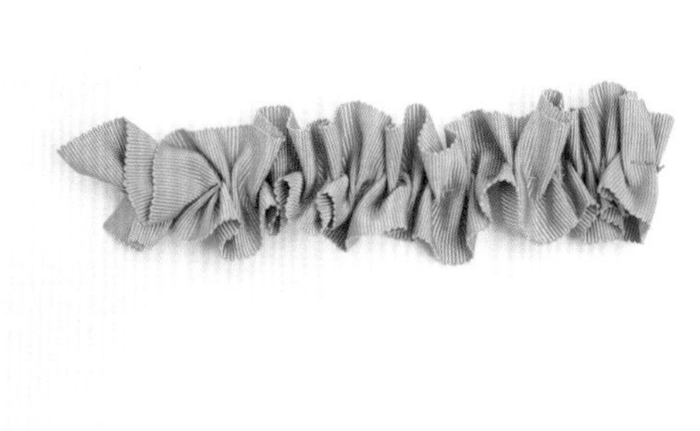

4　２山折り返し、玉留めする。

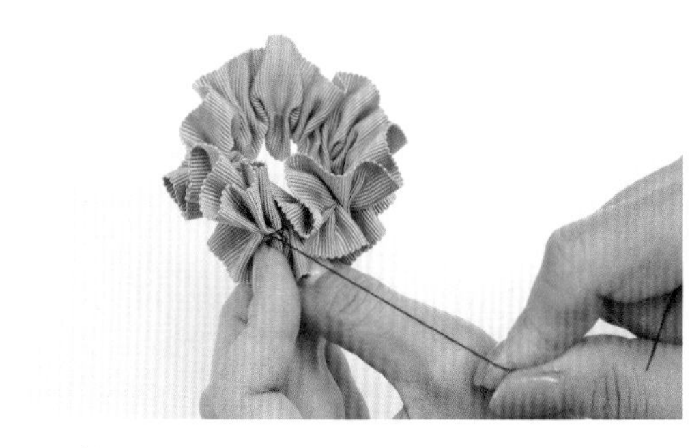

5　４を輪っかに縫いつける。

6　∞にする場合は、輪っかにしたリボンに通してから縫いつける。

GRANDEUR

グランドール

PHOTO > P. 17、21

リボンを重ねて縫うとどうなるの？ という
実験的な発想から生まれた“グランドール”。
薄手のリボンで作ると、動きのある仕上がりになります。

材料（薄手でハリのあるリボンが合う。50㎜幅がおすすめ）

かごバッグ
タフタリボン（50㎜幅・30cm×12本）、かごバッグ
→ でき上がり個数６個・でき上がりサイズ14cm
＊リボンでができ上がったら、かごバッグに糸で縫いつける。

ブローチ
グログランリボン（50㎜幅・30cm×２）、回転ピン
→ でき上がりリボンサイズ14cm

道具
ハサミ、ライター、糸、針

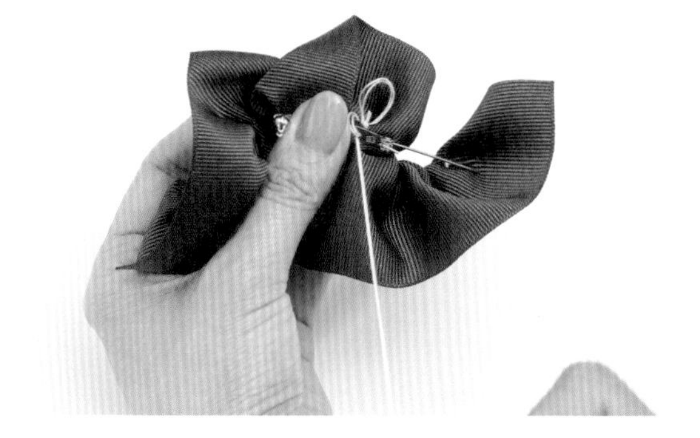

ブローチ
リボン後ろに回転ピンを糸で縫いつける。

グランドールの作り方　● 50mm幅・30cm × 2 → でき上がり目安 14cm

1　リボンの切り口をライターで炙り、ほつれないようにする。

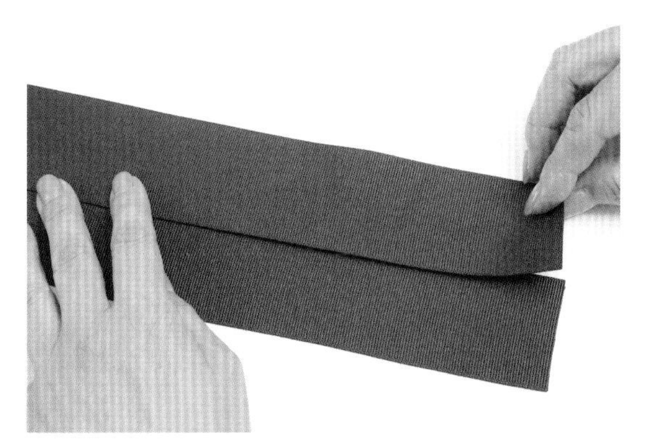

2　リボン２本を１cm重ねる。

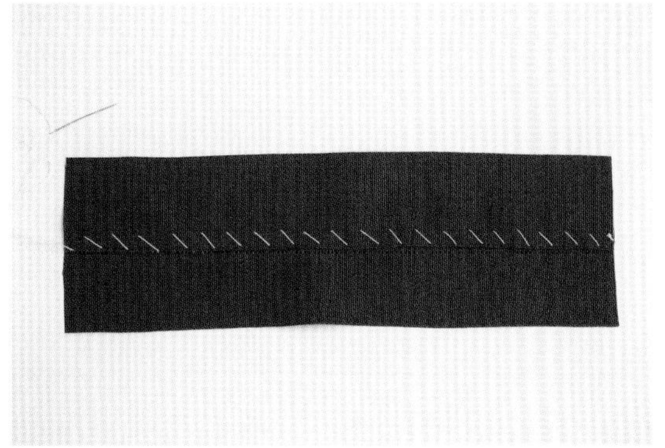

3　針に糸を１本取りで通す。重ねた部分の幅に合わせ、斜めに縫っていく。

4　縫い終わったらリボンを絞っていく。糸が切れてしまわないように注意する。絞りにくい場合は、絞りながら縫い進めてもよい。

5　２山折り返し、玉留めする。

GRANDEUR

でき上がったリボン６個をかご蓋いっぱいに
グルーガンや糸で取りつけたもの。素朴なか
ごバッグがパッと華やかに変身する。

MARVEL

マーベル

PHOTO > P. 21

ありそうでなさそうな、
チャップリンのひげのような形のリボン。
洋服にも髪にも映えるデザインです。

材料（どんなリボンでも華やかになるが、あまり厚くない
リボンが合う。リボン幅は36mm以上がおすすめ）

かごバッグ（左）
グログランリボン（50mm幅・65cm）、ダブルフェイス
ベルベッドリボン（48mm幅・65cm）、かごバッグ
→ でき上がりリボンサイズ18cm
＊2つのリボンを重ねて縫い、リボンにする。
＊リボンでができ上がったら、かごバッグにグルーガンまたは
糸で取りつける。

ブローチ（中）
グログランリボン（36mm幅・65cm）、回転ピン
→ でき上がりリボンサイズ13cm
＊リボンでができ上がったら、リボン後ろに回転ピンを糸で縫いつける。

バレッタ（右）
メタリックグログランリボン（36mm幅・65cm）、バレッタ
→ でき上がりリボンサイズ13cm

道具
ハサミ、ライター、糸、針

バレッタ
リボン後ろにバレッタを糸で縫いつける。

マーベルの作り方 ● 36mm幅・65cm → でき上がり目安13cm

1 リボンの切り口をライターで炙り、ほつれないようにする。

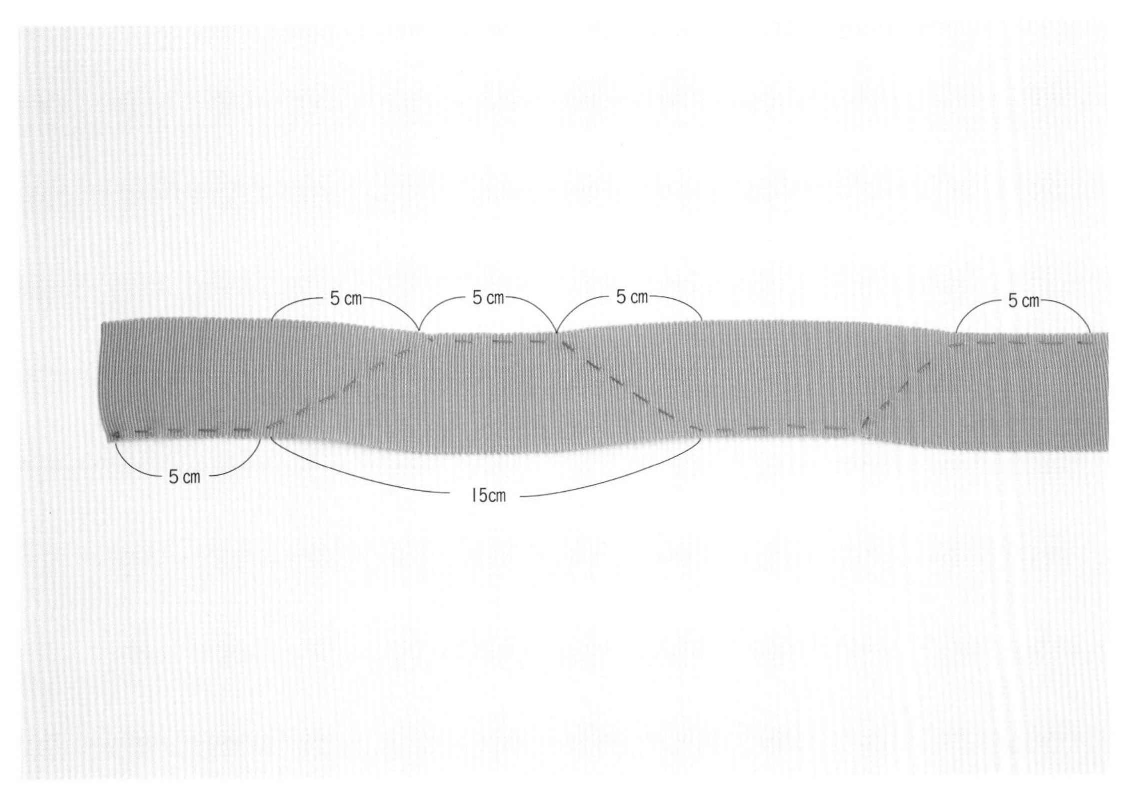

2 針に糸を1本取りで通し、写真のように縫っていく。上辺5cm、底辺15cmの台形になるように0.8cm間隔で縫う。縫い終わりは縫い始めと同様に上辺で終わらせ、リボンが余る場合は切って調整する。

＊50mm幅のリボンで縫う場合は、上辺6cm、底辺18cmの台形で縫う。

3 縫い終わったらリボンを絞っていく。糸が切れてしまわないように注意する。絞りにくい場合は、絞りながら縫い進めてもよい。

4 2山折り返し、玉留めする。

AWAKE

アウェイク

PHOTO > P. 22、36

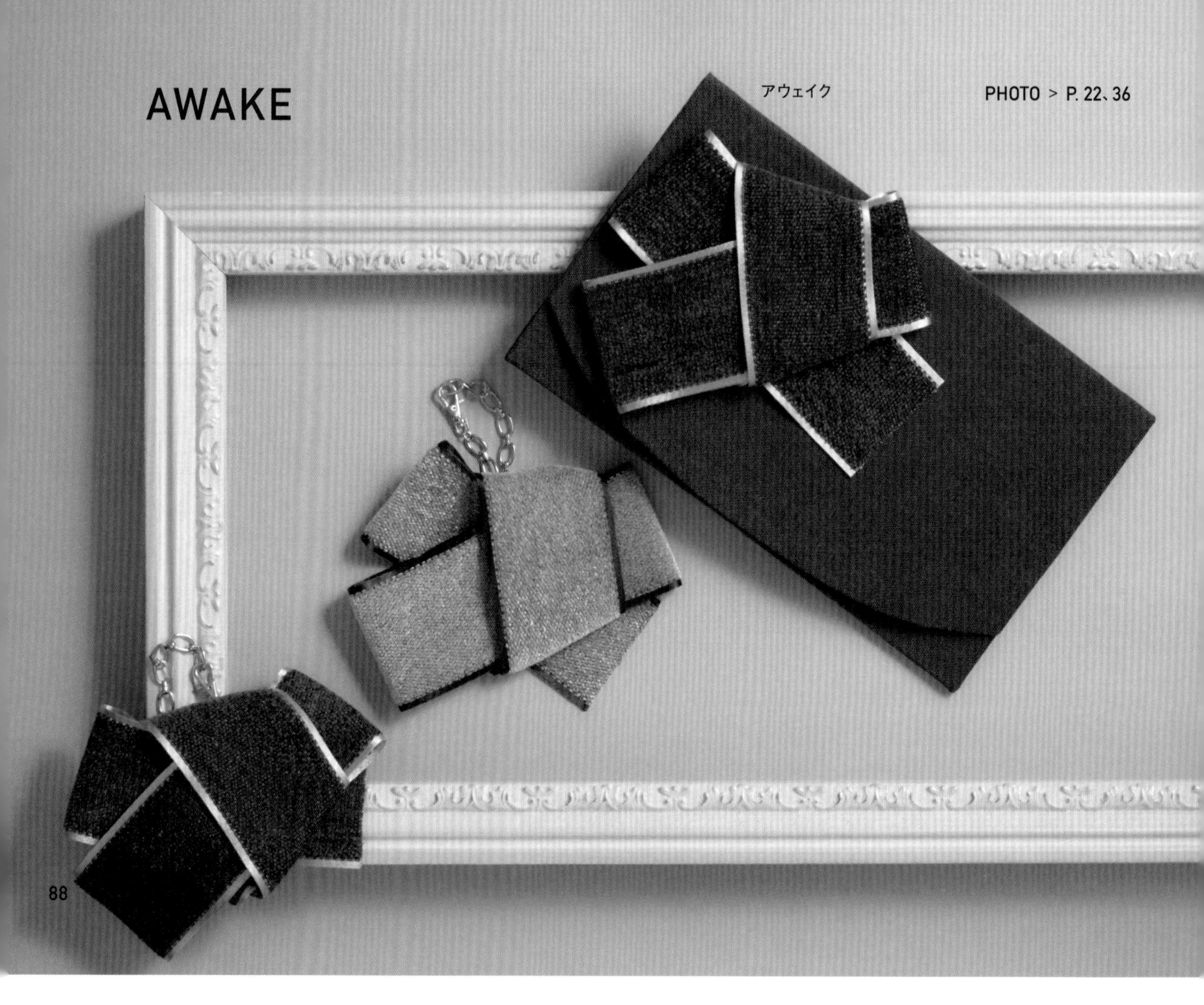

着物の帯のような形がユニークなデザイン。
フラットな形を活かし、重ねづけも楽しめます。

材料（厚みまたはハリのあるリボンが合う。
リボン幅は50mm以上がおすすめ）

バッグチャーム（左・中）
シェニールリボン（50mm幅・73cm）、帯留め（長方形）、
バッグチャーム
→ でき上がりリボンサイズ19cm

ふくさ（右）
シェニールリボン（50mm幅・73cm）、ふくさ
→ でき上がりリボンサイズ19cm
＊リボンでができ上がったら、ふくさに糸で縫いつけるか、
両面テープまたはグルーガンで取りつける。

道具
ハサミ、ライター、糸、針、まち針、仮止めクリップ、
物差し、両面テープ、グルーガン

バッグチャーム
リボン後ろに帯留めを糸で縫いつけ、バッグチャームを通す。

アウェイクの作り方　● 50㎜幅・73cm → でき上がり目安 19cm

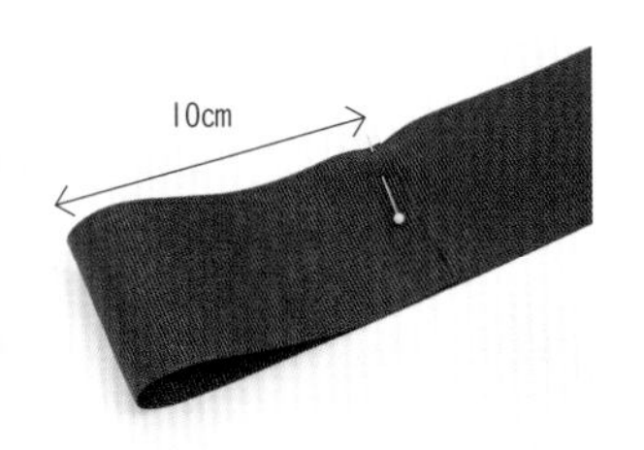

1 10cmで折り、まち針を打つ。

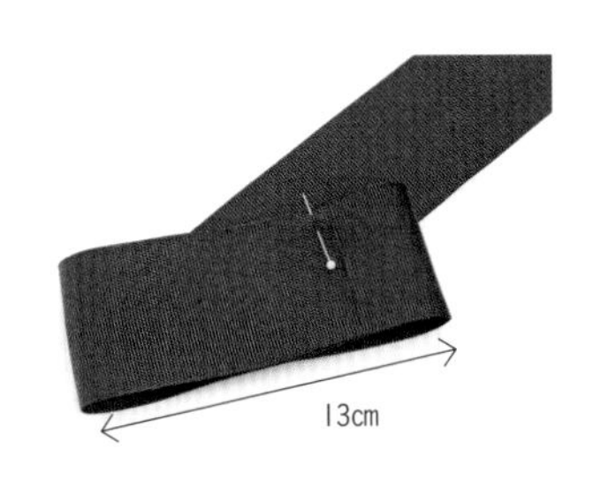

2 13cm長さで裏に折り返す。

3 1の切り口に両面テープで固定する。

4 3の左端を2cm残して手前で折り、垂らす。

5 下からリボンを後ろに回し、後ろでリボンの耳が出るように輪に通す。

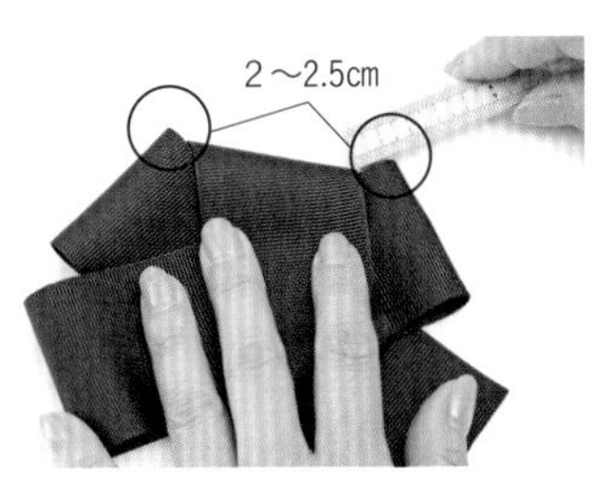

6 リボンの両耳の長さを2～2.5cmに整える。

7 形を整え、リボンが崩れないように糸で縫いつけるか、両面テープでつける。

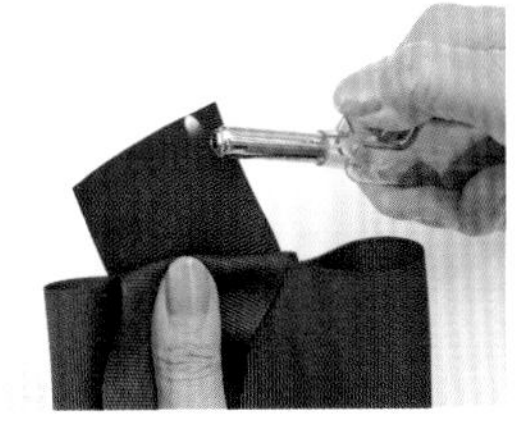

8 リボンの端を好みの長さに切る。切ったあとは切り口をライターで炙り、ほつれないようにする。

CLASSICAL

クラシカル

PHOTO > P. 24

尖ったリボンの耳が、凜とした雰囲気の“クラシカル”。
懐かしさを感じるシンプルさが魅力です。

材料（質感のあるリボンが合う。リボン幅は36〜50㎜のものがおすすめ）

A トートバッグ
グログランリボン（50㎜幅・35cm×４）、好みのリボン適量（リボンのセンター）、
トートバッグ（高さ28cm）
→ でき上がりリボンサイズ15cm

B バナナクリップ
シェニールリボン（36㎜幅・35cm×２）、好みのリボン適量（リボンのセンター）、
バナナクリップ
→ でき上がりリボンサイズ15cm

C バレッタ
ベルベットリボン（50㎜幅・35cm×２）、好みのリボン適量（リボンのセンター）、
バレッタ
→ でき上がりリボンサイズ15cm

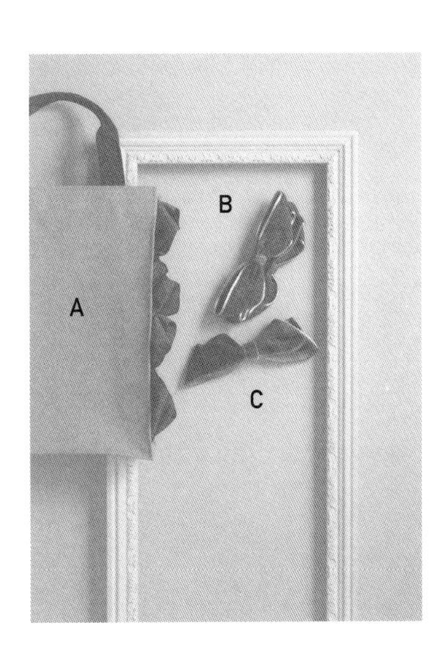

道具
ワイヤー、ハサミ、ニッパー、ライター、糸、針、
両面テープ、カチューシャテープ、グルーガン

↓

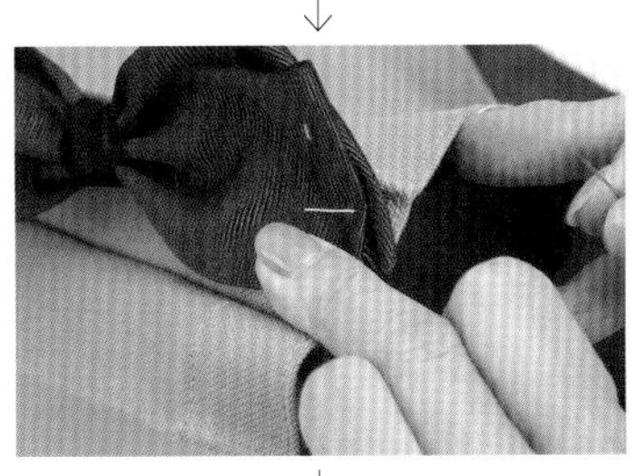

↓

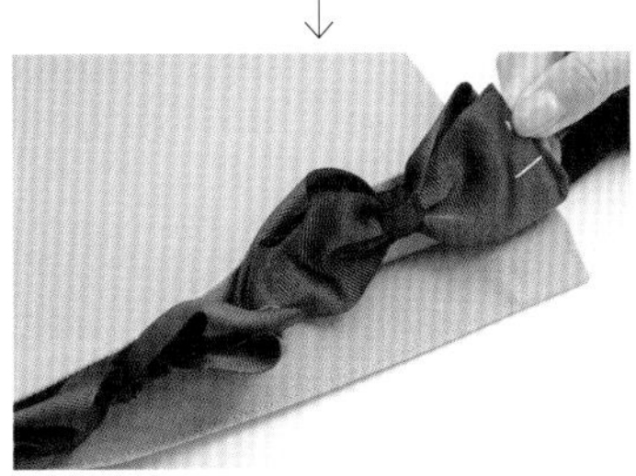

A トートバッグ
トートバッグの脇にリボンの山が見えるように配置し、糸で縫いつける。リボンをつけるのは、バッグの同じ面の両脇に２個ずつ。

B バナナクリップ
クリップの両面にグルーガンでリボンをつける。

C バレッタ
金属製のバレッタはグルーガンではつきにくいので、両面テープ、または糸で縫いつける。

CLASSICAL　　クラシカルの作り方

● 35mm幅・35cm → でき上がり目安15cm

1 リボンの切り口をライターで炙り、ほつれないようにする。

→
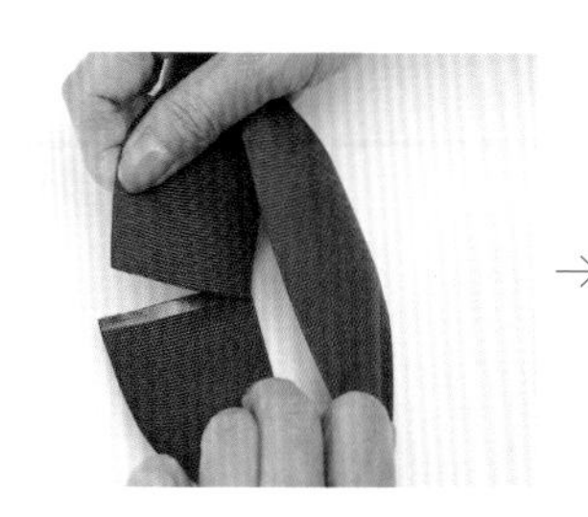
→
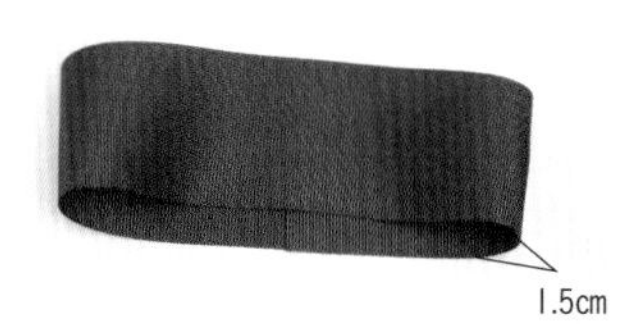

2 リボンの片方の切り口に両面テープをはり、輪っかにし、手前を1.5cmずらす。

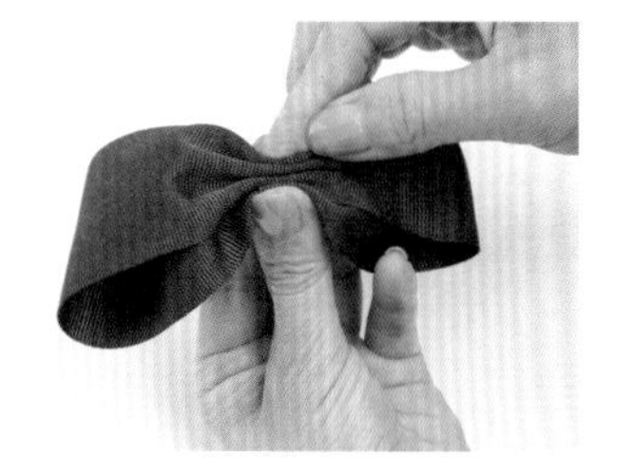

→
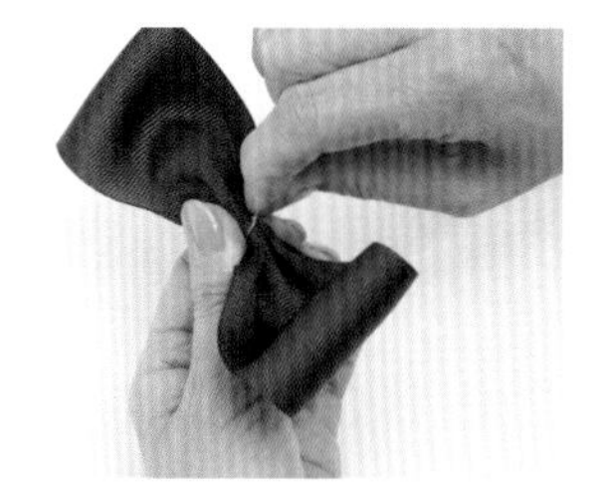

3 中心から４つ山を作る。

4 ワイヤーを前からかけて後ろでねじる。

→

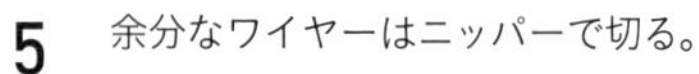

5 余分なワイヤーはニッパーで切る。

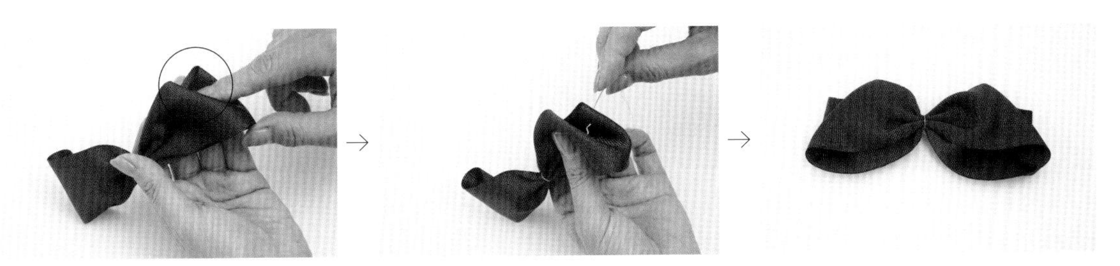

6 リボンの耳に指を入れて押し、糸で縫いつける。

7 リボン後ろに両面テープをはり、リボン後ろから下を通ってリボンを巻く。さらにカチューシャテープをはり、巻いたリボンを補強する。

＊トートバッグに取りつける場合は、リボンのセンターの取りつけを前後逆にしてもよい。

8 でき上がったリボン。リボンの耳をへこませたほうがリボンの上になる。

TRILL

トリル

PHOTO > P. 26 ~ 27

王道の形に見えて、実はひと工夫凝らしたデザインです。
素材感のあるリボンで小さめにたくさん作り、
ミニツリーにつけると可愛らしい存在感を醸し出します。

材料（ハリがあり、質感のあるリボンが合う。
リボン幅は36mm以下がおすすめ）

ツリー大
レザーテープ（35mm幅・21cm×40）、
直径9.5×高さ18cmの発泡スチロールツリー
→ でき上がりリボンサイズ６cm

ツリー小
シェニールリボン（36mm幅・21cm×25）、
直径７×高さ16cmの発泡スチロールツリー
→ でき上がりリボンサイズ６m

道具
ワイヤー、ハサミ、ニッパー、ライター、
仮止めクリップ

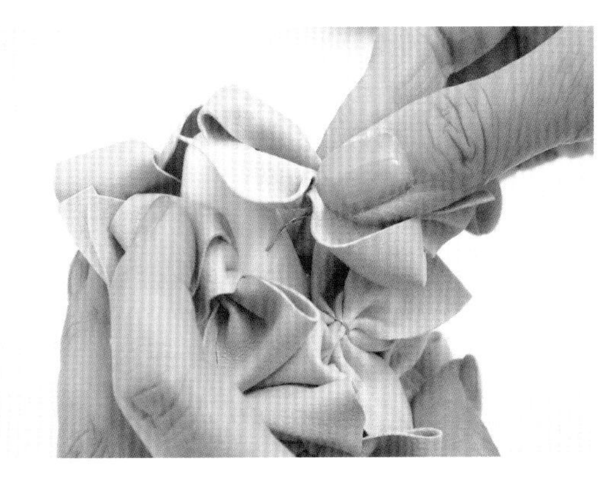

ツリー
ワイヤーを発泡スチロール製のツリーに刺していく。ランダムに向きを変えながら隙間なく刺すのがポイント。ツリーに両面テープを巻いてから刺すとさらに補強できる。

トリルの作り方 ● 36mm幅・21cm → でき上がり目安６cm

1 ほつれるリボンの場合は、切り口をライターで炙り、ほつれないようにする。

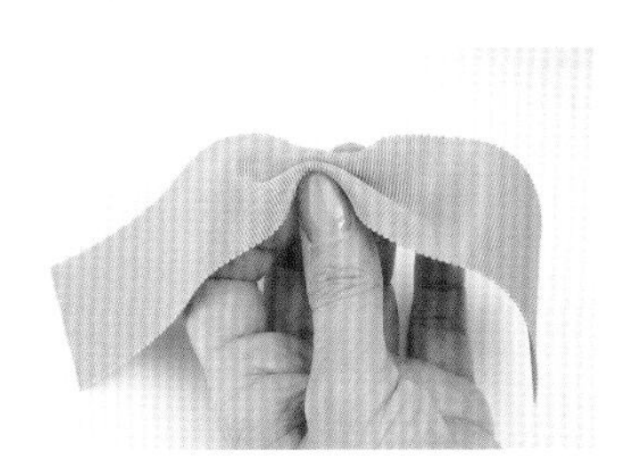

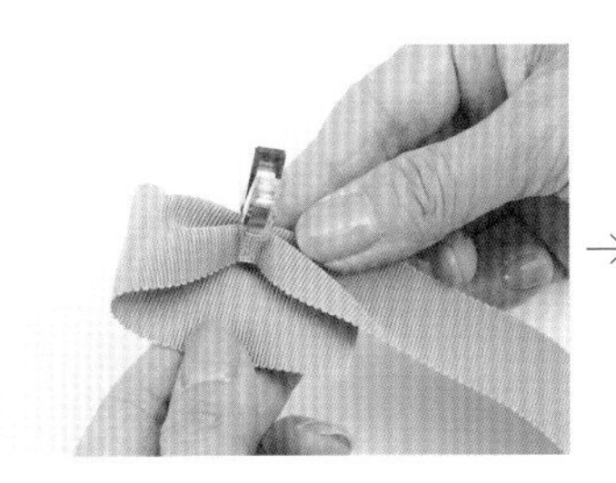

2 リボンの中心をつまみ、中心から２つ山を作る。

3 **2**の山が崩れないようにクリップで留め、左端を中心から２つ山を作り、**2**の下に重ねる。

4 右端も同様に２つ山を作り、**3**の下に重ねる。

5 ワイヤーを前からかけて後ろでねじり、３cmほど残してニッパーで切る。

RADIANT

ラディアント

PHOTO > P. 28、29

プリーツサテンリボンを使えば、初心者の方でもリボンを手軽に楽しめます。
毛糸を丸く巻くイメージで丸めてオーナメントに。少しいびつな形も可愛いです。
お揃いのリースと合わせ、大人のクリスマスに。

材料（光沢のある、立体感のあるプリーツサテンリボンが合う。リボン幅は細めのものがおすすめ）

オーナメント小（左）
プリーツサテンリボン（25mm幅・70cm）、フェイクレザーひも適量
→ でき上がりリボンサイズ８cm

オーナメント大（右）
プリーツサテンリボン（25mm幅・80cm）、フェイクレザーひも適量
→ でき上がりリボンサイズ10cm

リース
プリーツサテンリボン（25mm幅・3.2m）、直径15cmの発泡スチロールリース

道具
ハサミ、ライター、糸、針、両面テープ

オーナメントの作り方 ●25㎜幅・70㎝ → でき上がり目安8㎝

1 リボンの切り口をライターで炙り、ほつれないようにする。

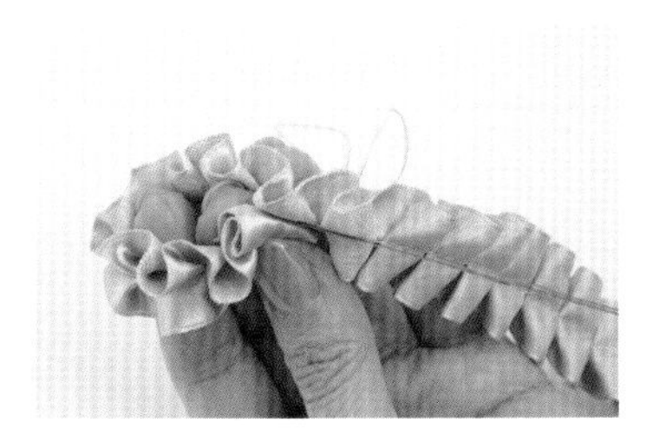

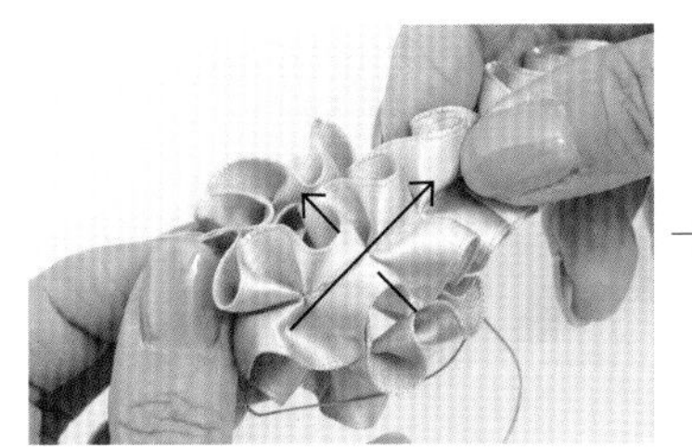

2 針に糸を1本取りで通す。指2本分で輪を作り、糸で縫いつける。

3 2を90度回して再度一周し、糸で縫いつける。糸はそのままで切らずに使っても、縫いにくい場合は一周ごとに玉留めして再度縫ってもよい。糸で留める箇所は中心を通る左右2点にすると、きれいな球形になる。

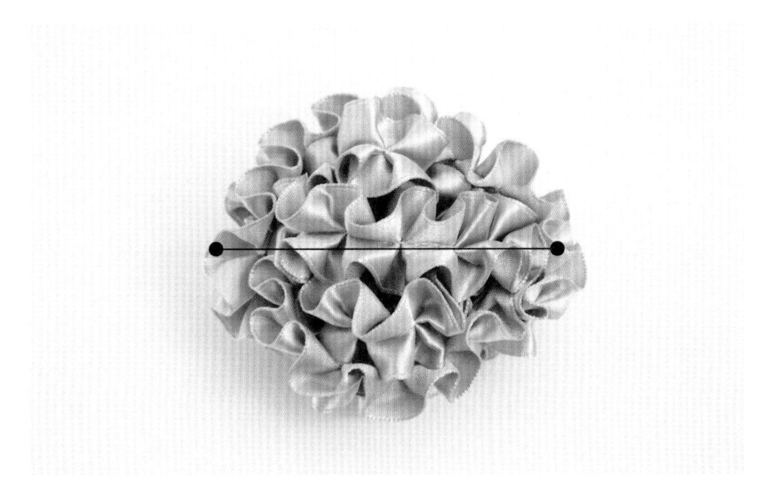

4 フェイクレザーのひもを通して結ぶ。

リースの作り方

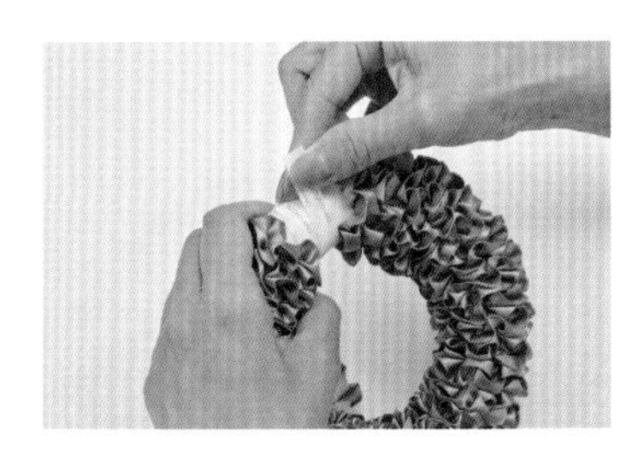

1 リースに両面テープをひと巻きし、リボンを螺旋状に巻いていく。

2 巻き終わりに再度両面テープをひと巻きし、リボンをしっかり巻きつける。

BLOOM

ブルーム

PHOTO > P. 30

自然界にはない色で楽しめるのが、リボンの花。
グラスマーカーは、特別な日のテーブルコーディネートにぜひ。

材料（薄く、ハリのあるリボンが合う。
リボン幅は75㎜以上がおすすめ）

グラスマーカー
ルミナスリボン（75㎜幅・27㎝）、
オーガンジーリボン（100㎜幅・１ｍ）
→ でき上がりリボンサイズ８㎝

リボンフラワー
ルミナスリボン（75㎜幅・40㎝、７㎝）、
フラワーテープ（緑）
→ でき上がりリボンサイズ13㎝

道具
ワイヤー、ハサミ、ニッパー、ライター、
カチューシャテープ、両面テープ

グラスマーカーの作り方 ● 75㎜幅・27㎝ → でき上がり目安８㎝

1 リボンの切り口をライターで炙り、ほつれないようにする。

2 蛇腹状に三つ折りにする。

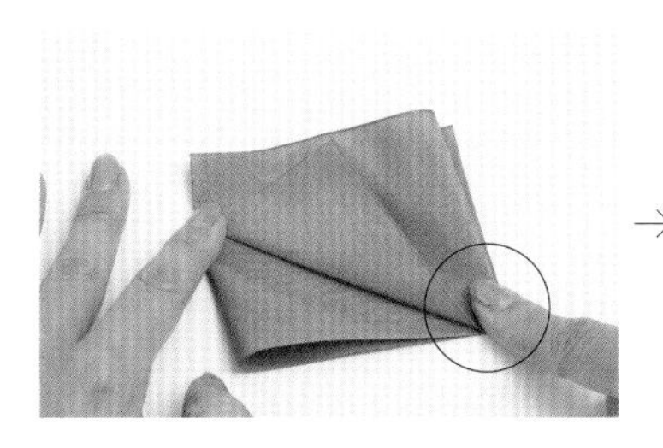

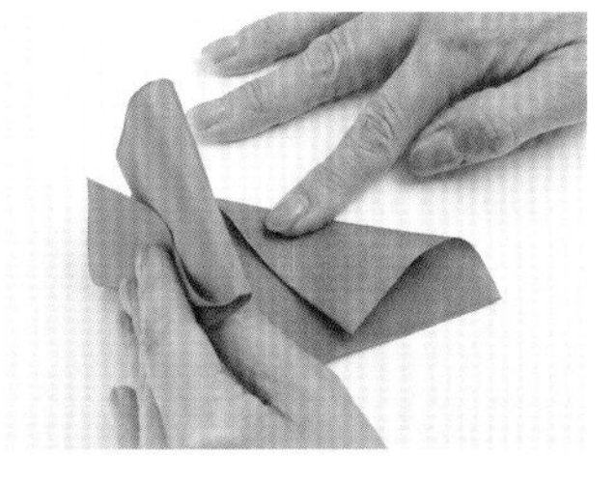

3 リボン端を指１本分あけて三角形に折る。裏側も互い違いになるように折る。

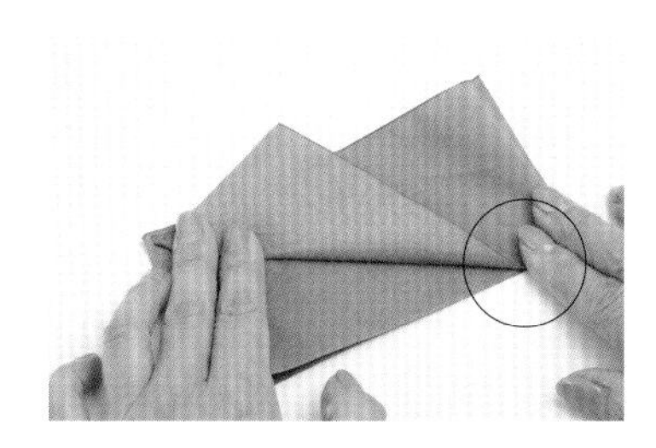

4 崩れないように中心から３〜４つ山を作り、両サイドを谷折りにする。ワイヤーを前からかけて後ろでねじり、余分な長さをニッパーで切る。

5 リボンのセンターにカチューシャテープを巻き、補強する。

6 センターにグラスに巻きつけるオーガンジーリボンを結ぶ。

リボンフラワーの作り方 ● 75㎜幅・40㎝ → でき上がり目安13㎝

1 グラスマーカーと同様の流れで作っていくが、三つ折りにしたあと、指２本分をあけて三角形に折る。

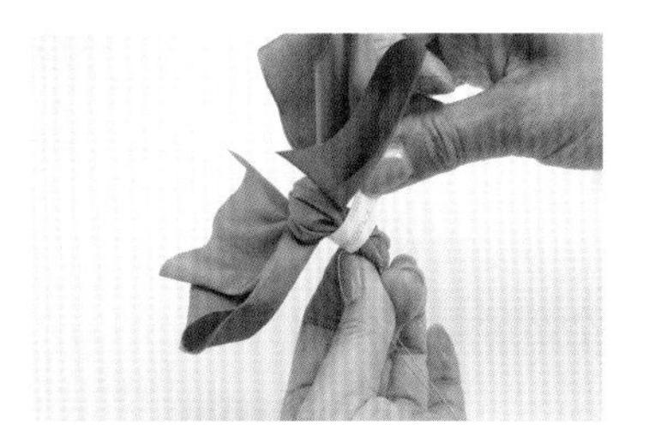

2 グラスマーカーの４と同様に折り、ワイヤーを前からかけて長いまま後ろでねじる。

3 ７㎝長さのリボンをラフに折り、リボンのセンターにかけて両面テープでワイヤーに巻きつけるようにつける。

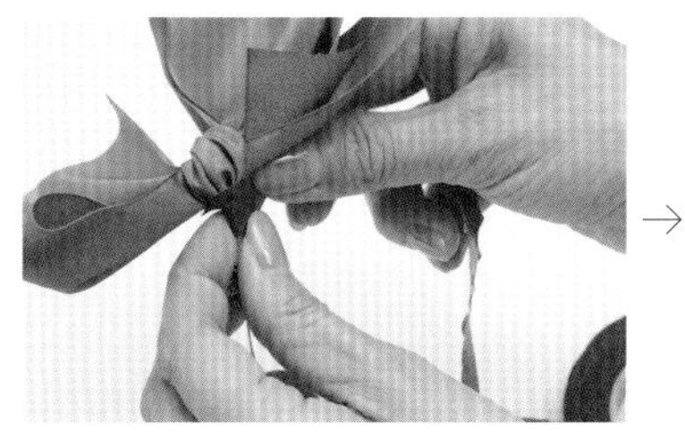

4 両面テープの上からフラワーテープを巻きつけていく。

MENUETT

メヌエット

PHOTO > P. 31

初心者の方でも簡単に作れるサシェ。
交互に重ねた蝶々結びが可憐。
香りが苦手な方はポプリなしで作り、部屋のアクセントとして飾っても。

材料（光沢のあるもの、やわらかい質感のリボンが合う。リボン幅は25mm程度のものがおすすめ）

サシェ
オーガンジーリボン（25mm幅・４～５m、70cm）、厚紙（８×4.5cm）、好みのポプリ、お茶パック

道具
ハサミ、ライター、両面テープ

サシェの作り方　● 18㎜幅・3m、70㎝ → でき上がり目安 10㎝

1　リボンの切り口をライターで炙り、ほつれないようにする。

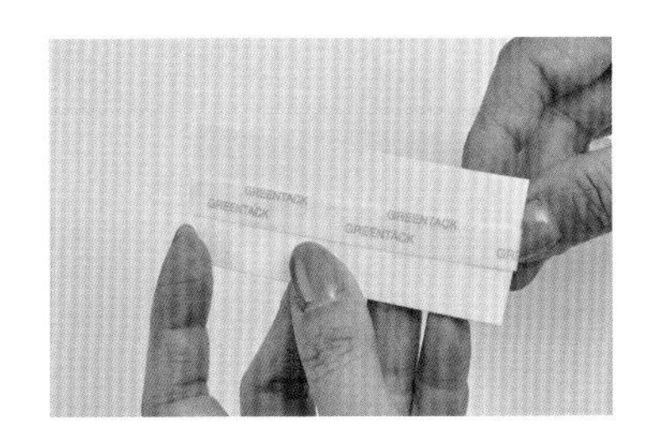

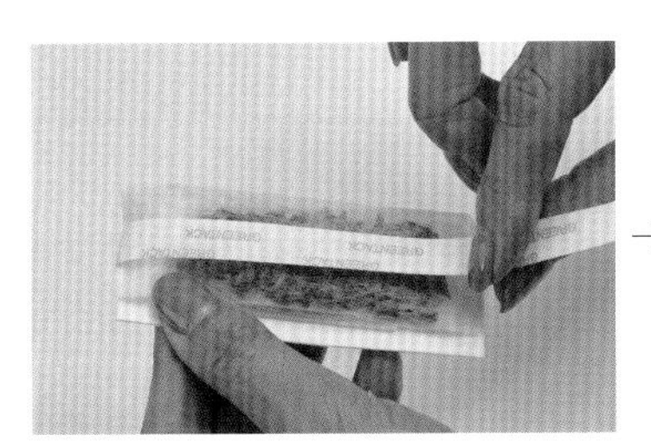

2　8×4.5㎝に切った厚紙の両面に両面テープをつける。

3　厚紙の大きさに折ったポプリが入ったお茶パックをはりつける。さらにその上に両面テープを再度はり、70㎝のリボンをはりつける。

4　**3** のリボンを厚紙の上でひと結びしたら、ポプリをはっていないリボンの上に両面テープを再度はる。

5　4〜5mのリボンの中心をポプリがない面の **4** の結び目下にはりつける。

6　**5** を裏返してリボンをポプリ側に回し、中心から右寄りに蝶々結びをする。

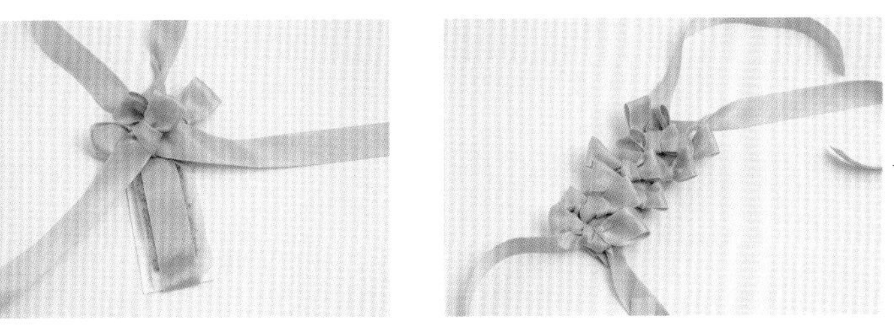

7　リボンの脚をひと巻きして前に出し、今度は中心から左寄りに蝶々結びをする。

8　**6** と **7** を厚紙の下まで繰り返す。最後のリボン後ろに両面テープをつけて固定する。

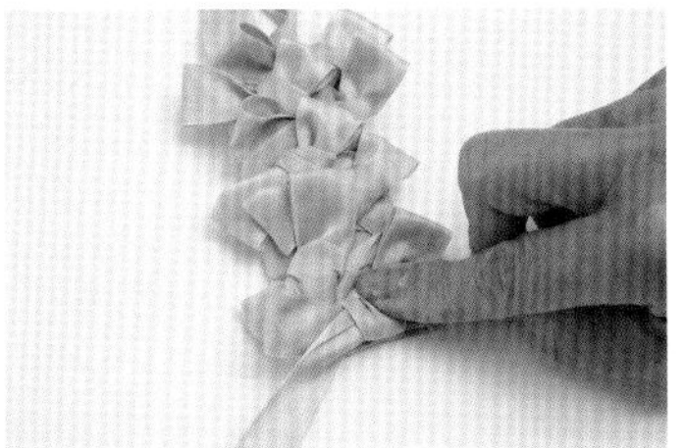

9　裏から見ると、交互にリボンが組まれている。結び終えたリボンは好みの長さに切り、ほつれないようにライターで炙る。

STELLA

ステラ

PHOTO > P. 33

星を意味する“ステラ”は、
幾重にも重なったドレープが光り輝くようです。
長さを変えれば、かごバッグにつけたり、リースに仕立てても。

材料（サテンのような光沢があり、やわらかい質感のリボンが合う。リボン幅100mmのものがおすすめ）

ドアオーナメント
ダブルフェイスサテンリボン（100mm幅・3m）、フラワーテープ（リボンの色に合わせて）
→ でき上がりリボンサイズ60cm

道具
ワイヤー、ハサミ、ニッパー、ライター、糸、針

ステラの作り方　●100㎜幅・3m → でき上がり目安60㎝

1　リボンの切り口をライターで炙り、ほつれないようにする。

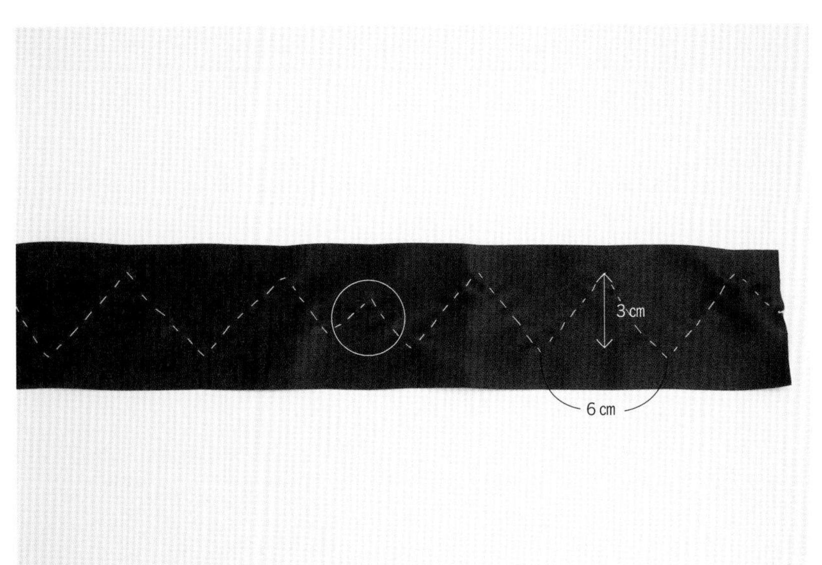

2　針に糸を1本取りで通し、底辺6㎝、高さ3㎝の二等辺三角形になるように縫う。縫い始めは途中からスタートし、縫い終わりも揃えるときれいになる。また4つにひとつ小さな三角形を加え、不規則な動きでニュアンスを出すのがステラのポイント。

3　ランダムな縫い目を入れているので、絞りながら縫っていくと、糸が切れにくい。

4　2山折り返し、玉留めする。

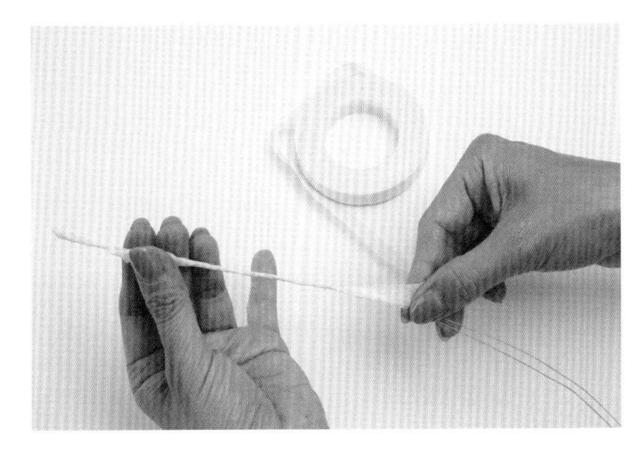

5　ワイヤー2本にリボンの色に合わせたフラワーテープを巻く。

6　リボンのセンターにワイヤーを糸で縫いつけていく。リボンの長さに合わせ、ワイヤーを足しながら縫う。

WALK

ウォーク

PHOTO > P. 37、39

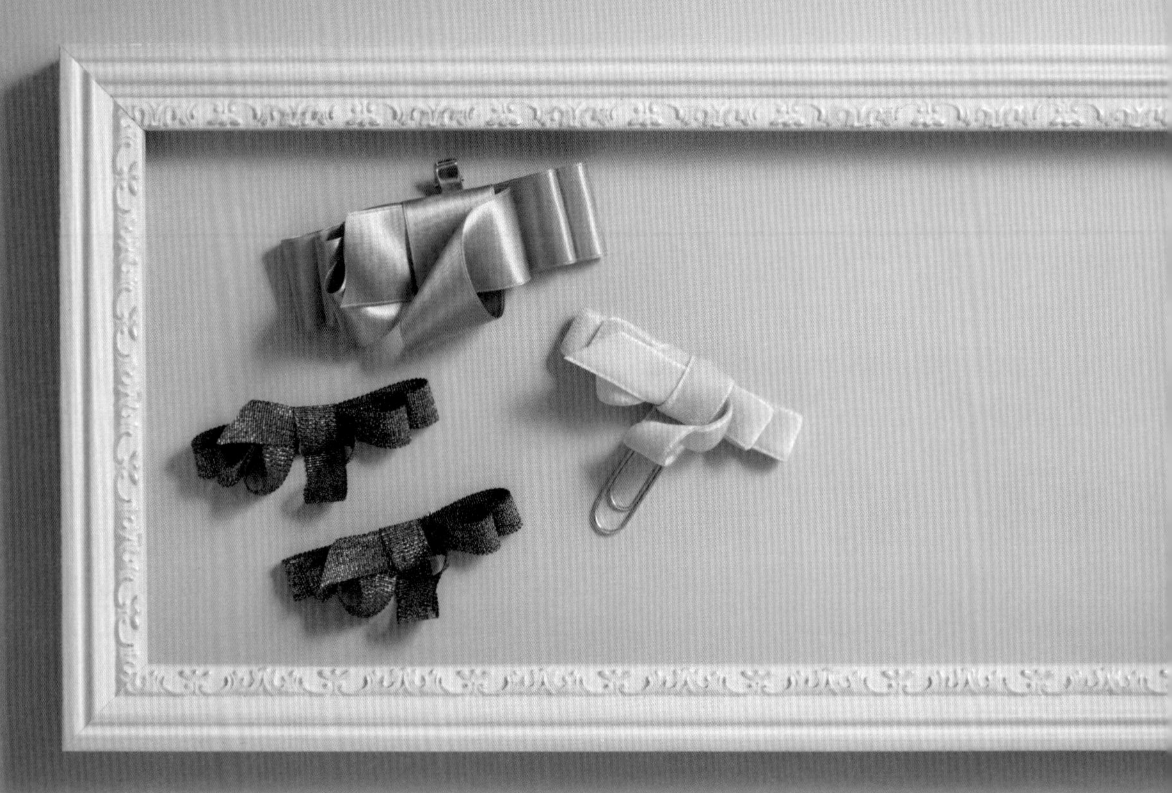

シンプルだけれど、少しひねりを加えた"ウォーク"。
甘さよりも、キリッとした印象を与えるデザインです。
デスク周りや、小さなアクセントとしてブローチに。

材料（光沢や質感のあるリボンが合う。
リボン幅は36mm以下がおすすめ）

ボックスデコレーション（上）
ダブルフェイスサテンリボン
（36mm幅・95cm）、ヘアクリップ
→ でき上がりリボンサイズ13cm

ブローチ（左）
メタリックグログランリボン
（15mm幅・70cm）、回転ピン
→ でき上がりリボンサイズ10cm

クリップ（右）
ダブルフェイスペッチンリボン
（18mm幅・70cm）、
ゼムクリップ（大）
→ でき上がりリボンサイズ10cm

道具
ハサミ、ライター、糸、針、両面テープ

ブローチ
リボン後ろに回転ピンを糸で縫いつける。

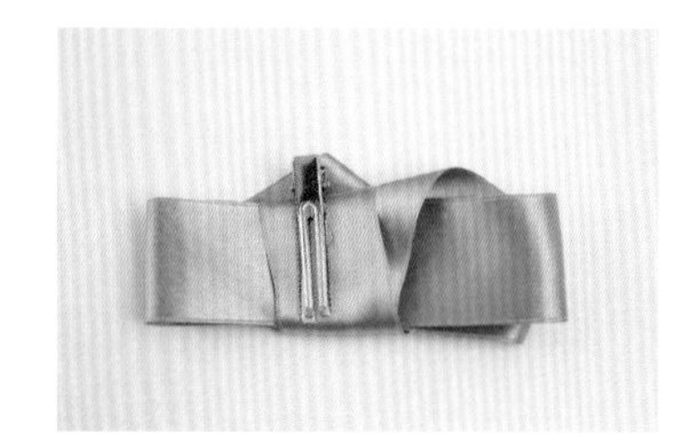

ボックスデコレーション
ヘアクリップを作ったリボンに挟むだけ。箱にかけたひもにつけて楽しむ。

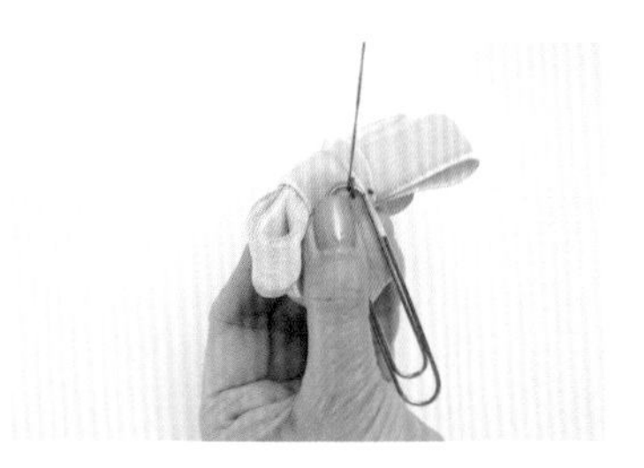

クリップ
リボン後ろにゼムクリップを糸で縫いつける。

ウォークの作り方 ● 18㎜幅・70㎝ → でき上がり目安 10㎝

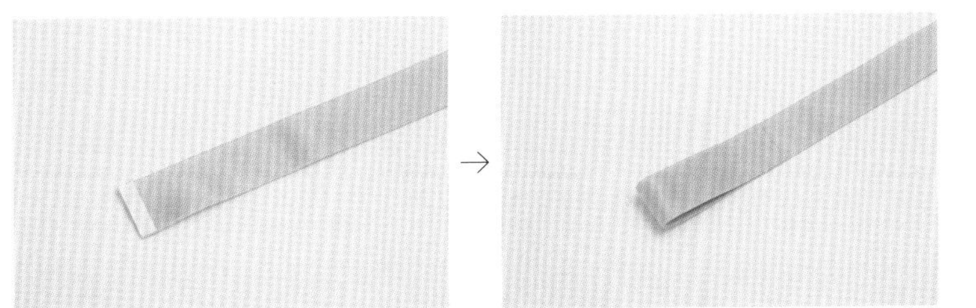

1 リボンの切り口に両面テープをはり、5.5㎝幅で折って固定する。

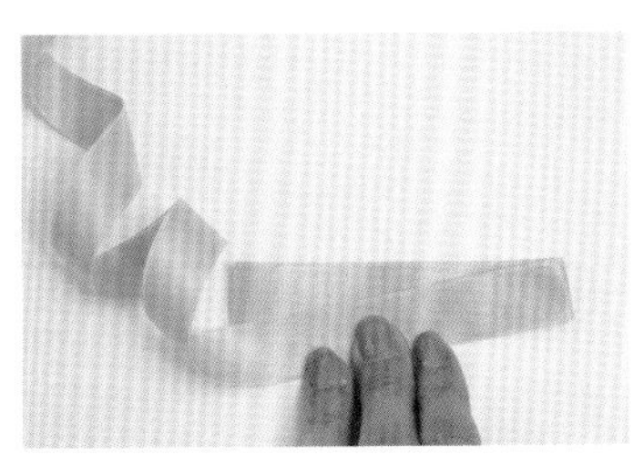

2 1のテープ側を裏にして、10㎝幅で折る。

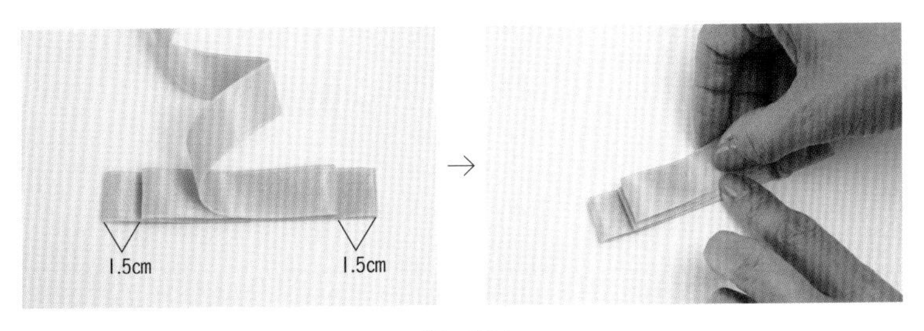

3 両端を1.5㎝残して折るを、２回繰り返す。

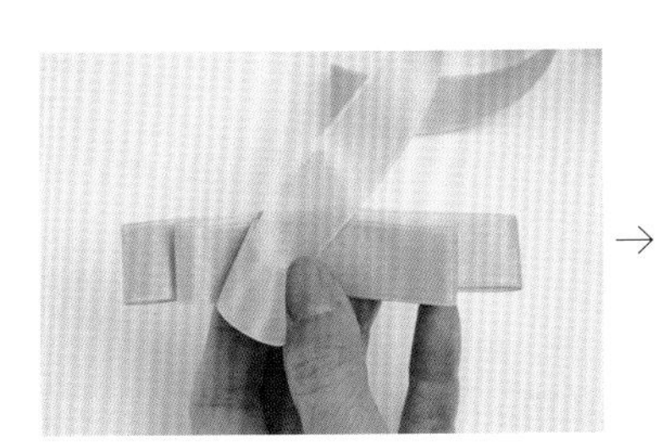

4 3の中心でリボンをくるりとひと巻きし、上から裏に回して手前に出す。

5 リボン裏に両面テープをはる。または糸で縫いつけてもよい。

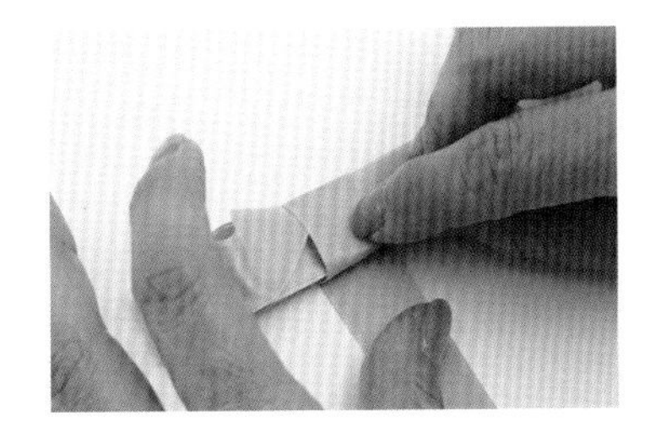

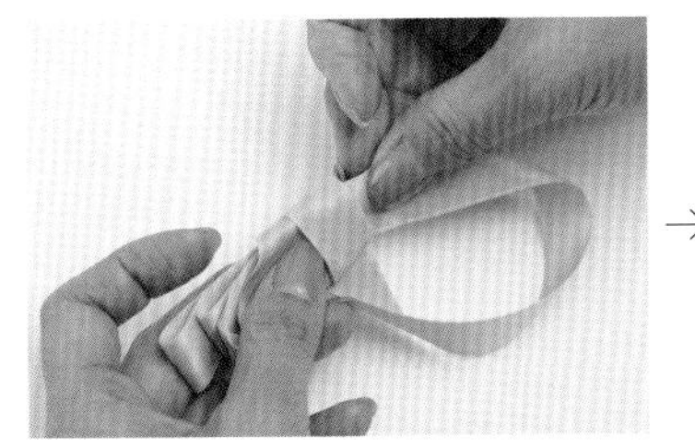

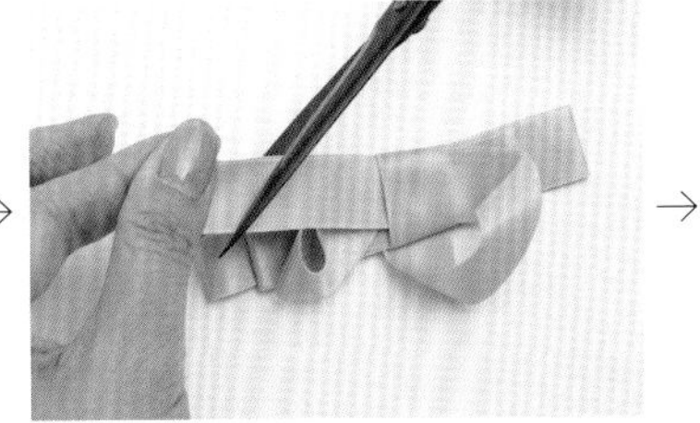

6 リボンのセンターに通し、好みの長さに切る。リボンの切り口をライターで炙る。

CLAP

クラップ

PHOTO > P. 37

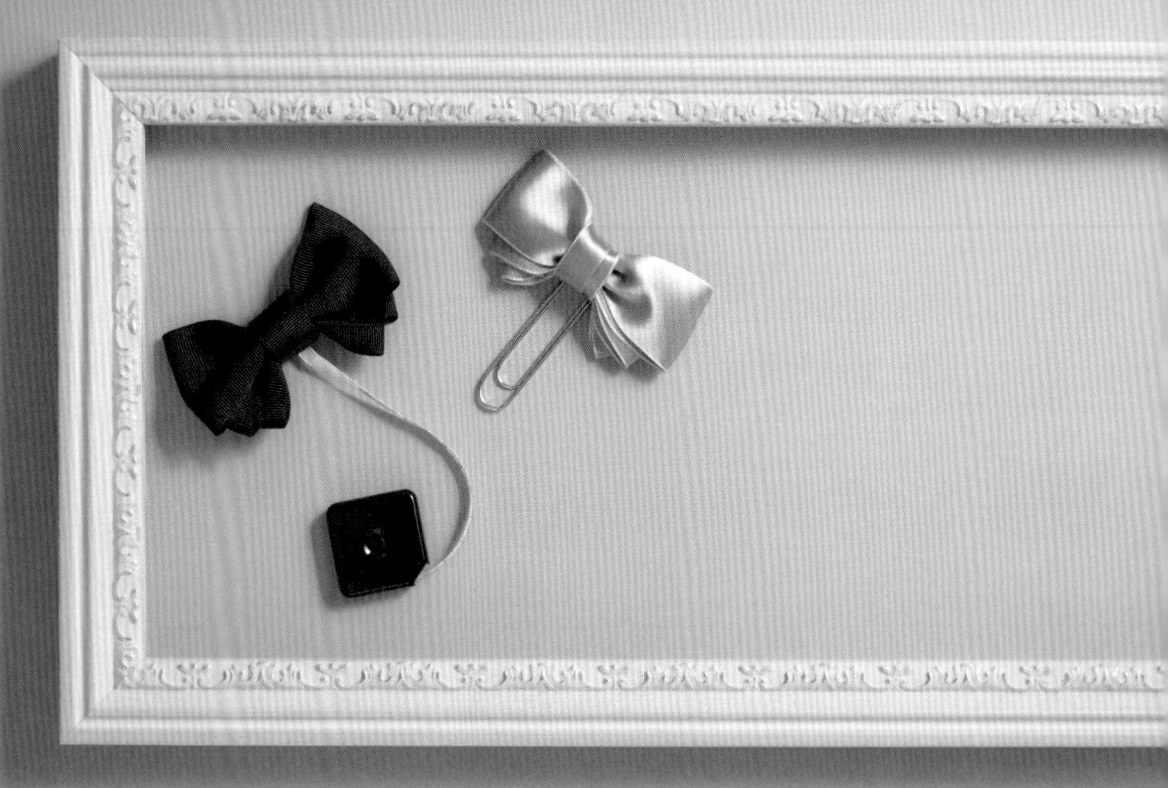

女性がつけても似合いそうな蝶ネクタイスタイルのリボン。
シンメトリーで正統派、重なるリボンがエレガントな雰囲気です。
身近な小物のあしらいに、ぜひ。

材料（ハリのあるリボンが合う。
リボン幅は36㎜以上がおすすめ）

メジャー
グログランリボン
（50㎜幅・52㎝、6㎝）、メジャー
→ でき上がりリボンサイズ10㎝

クリップ
タフタサテンリボン
（38㎜幅・52㎝、6㎝）、
ゼムクリップ（大）
→ でき上がりリボンサイズ10㎝

道具
ワイヤー、ハサミ、ニッパー、
ライター、糸、針、仮止めクリップ、
両面テープ、カチューシャテープ

メジャー
ワイヤーでくくったのち（プロセス5）、メジャーの先をリボン後ろに縫いつける。さらにその上にセンターのリボンを両面テープを取りつける。

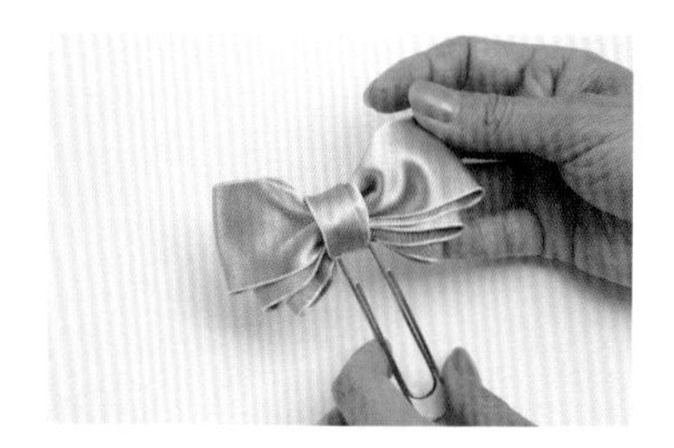

クリップ
リボンのセンターにゼムクリップを通すだけ。

クラップの作り方 ● 36mm幅・52cm → でき上がり目安 10cm

1 リボンの切り口をライターで炙り、ほつれないようにする。

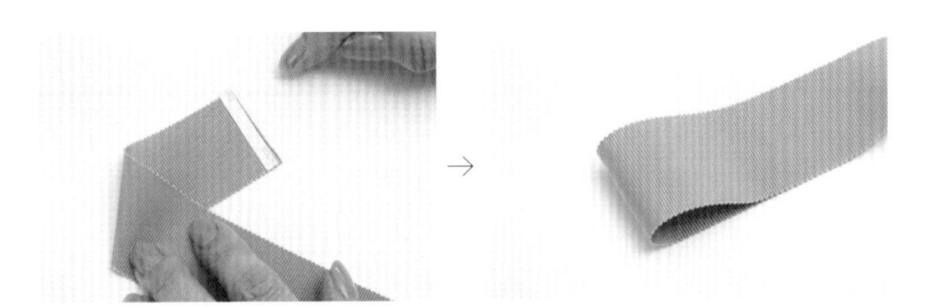

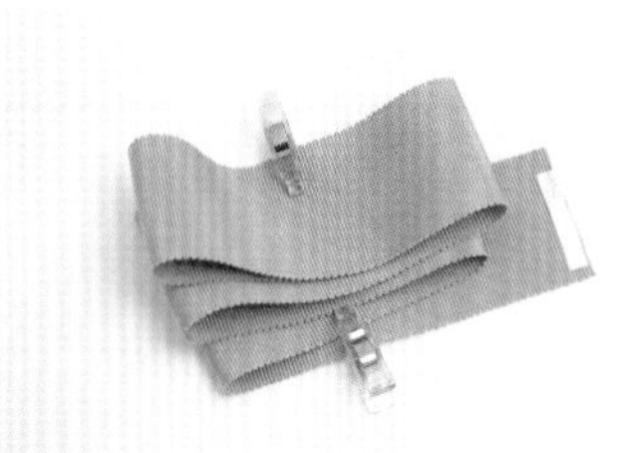

2 リボンの切り口に両面テープをはって5.5cm幅で折り、両面テープで固定する。

3 2のテープ側を裏にして蛇腹状に下に三つ折りする。上から10cm、8.5cm、7cmと徐々に小さくなるように、手前に0.5cmずつずらしながら重ねる。リボンの切り口に両面テープをはる。

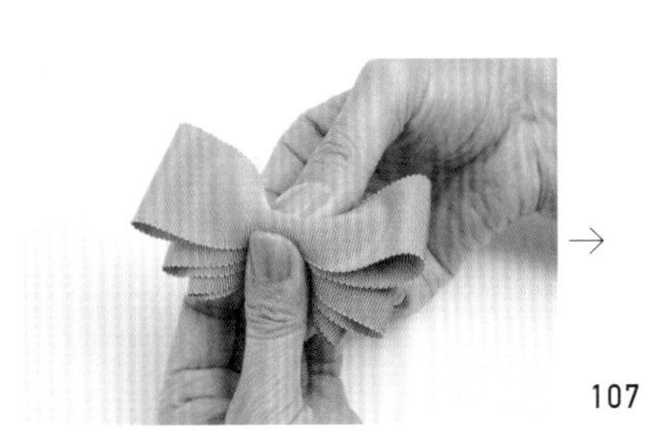

4 7cm長さになるように、両面テープで固定する。

5 中心から3つ山を作り、ワイヤーを前からかけて後ろでねじり、余分な長さをニッパーで切る。

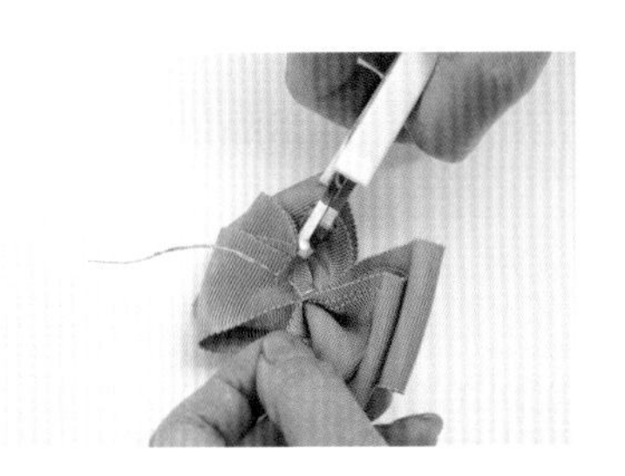

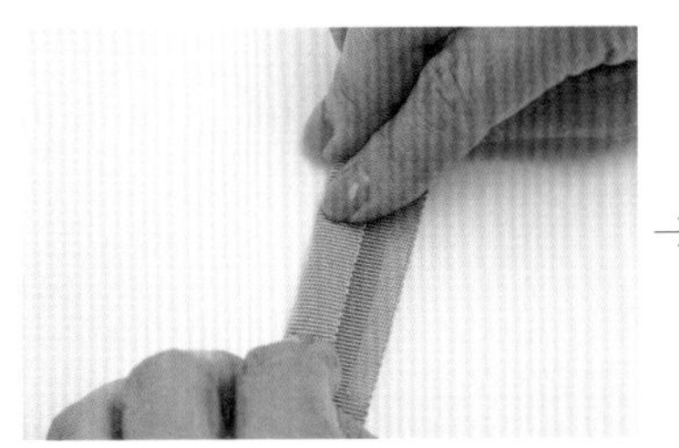

6 6cmのリボンの片端に両面テープをはり、三つ折りにする。さらに裏側に両面テープをはり、リボン後ろから下を通ってリボンのセンターにつける。

リボンを楽しむために

作ったリボンはぜひ身につけて楽しんでください。
リボンをあしらうだけで、喜ばれるプレゼントになります。

● ヘアアクセサリー

バナナクリップやバンスクリップなど、プラスチック製のものは
グルーガンまたは両面テープでつけるのがおすすめです。

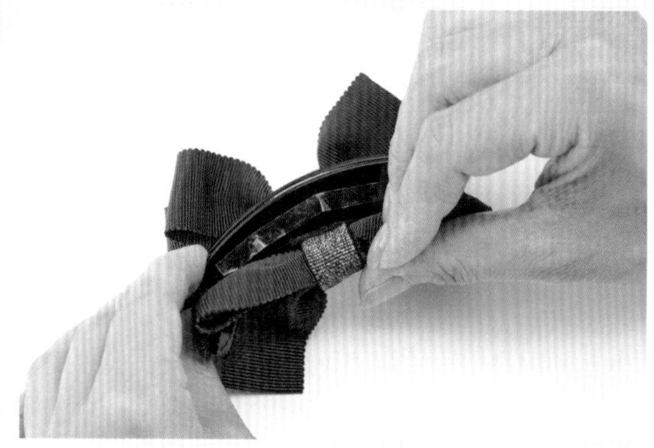

● 金属製のパーツ

金属製のものはグルーガンではつきにくいので、カチューシャテープ、または糸で縫いつけるのがおすすめです。

● バンスクリップ

バンスクリップのようにつまみ部分があるものは、ここを隠すと高級感が増します。

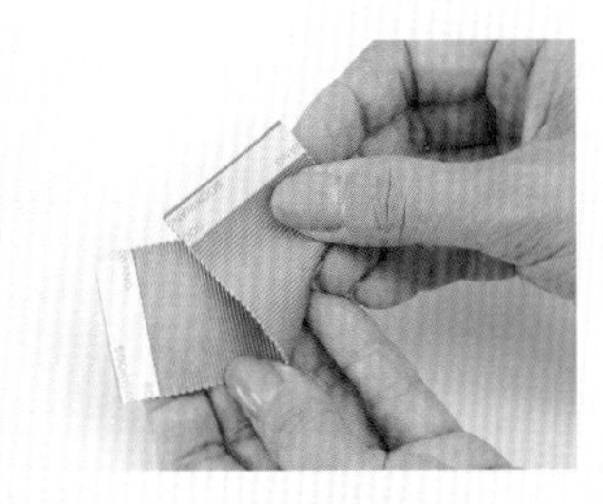

1 12cm長さに切ったリボンの両端に写真のように両面テープをつける。

2 つまみ部分の下にリボンの片方をはる。

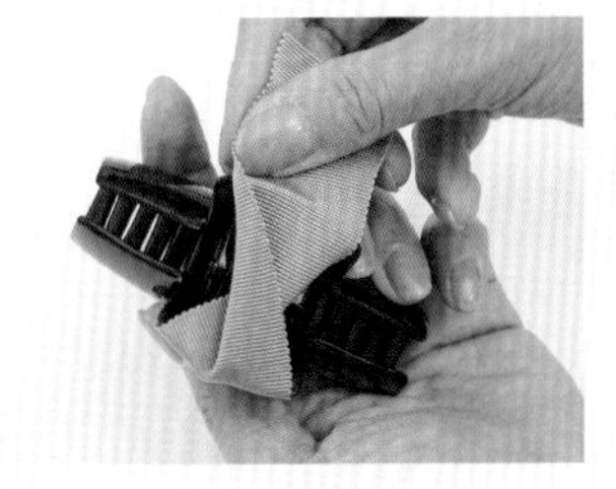

3 トップでリボンをクロスさせる。

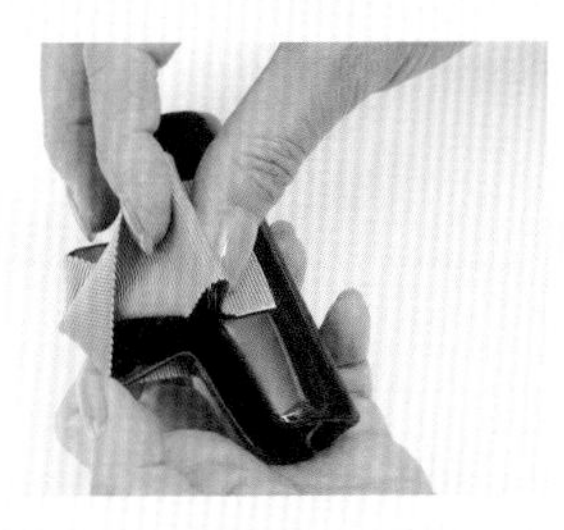

4 そのまま反対側のつまみ部分下ではりつける。

5 リボンをつける部分にグルーガンをリボン幅に合わせて出す。

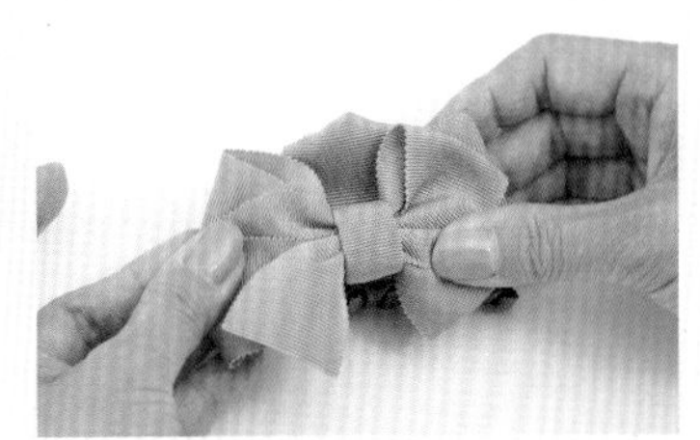

6 リボンの位置を確認してつける。

7 反対側にもグルーガンをリボン幅に合わせて出す。

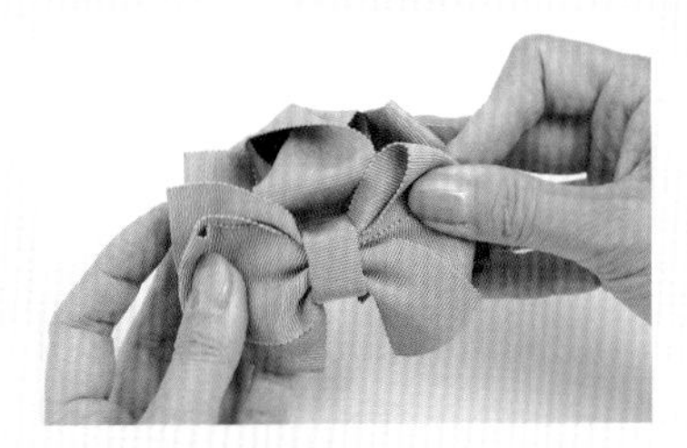

8 もう片方をつける。

POINT

バナナクリップやバンスクリップなどにリボンを２個つける場合、リボン脚が出るデザインは、左右対称に作るとバランスがきれいになる。

原 稀結里

Kiyuri Hara

株式会社日本リボンデザイン協会（JRDA）代表。プリザーブドフラワーの学びを深めていく中で、脇役だったリボンの魅力に惹かれる。子育てが一段落したのち、リボンの道に没頭。2018年日本リボンデザイン協会を設立し、デザイナー、リボン講師として活躍。独創的で、クールなデザインは多くの女性から支持を受けている。現在はワークショップのほか、人気ブランドとのコラボでも活躍中。
Homepage：@jrda-official.jp
Instagram：@jrda_official

Photograph
宮濱祐美子、渋谷和江
Design
三上祥子（Vaa）
Styling
岩崎牧子
Hair & Make
清水ヤヨエ
Model
夢子キャサリン
Assistant
Kimika
Editing
小池洋子（グラフィック社）

リボン提供
MOKUBA
住所　東京都台東区蔵前4-16-8
電話番号　03-3864-1408
営業時間　9時〜12時、13時〜17時30分（土日・祝日を除く）

撮影協力
貴和製作所 浅草橋本店（アクセサリーパーツ）
住所　東京都台東区浅草橋2-1-10　貴和製作所本店1-4F
電話番号　03-3863-5111
オンラインショップ：@kiwaseisakujo.jp

BEYOND THE REEF（バッグ）　＊P.22、23、79
住所　神奈川県横浜市港北区日吉本町1-24-8-A
電話番号　045-620-6910
営業時間　11時〜17時（月、火を除く）
Homepage：@beyondthereef.jp

Keym（カードケース、ふくさ）
電話番号　080-1131-7571
営業時間　9〜17時（土日・祝日を除く）
Homepage：@keym.jp

SWEET から BITTER へ。あなたに寄り添う
大人のリボンスタイル

2023年11月25日　初版第1刷発行
著　者　　原 稀結里
発行者　　西川正伸
発行所　　株式会社グラフィック社
〒102-0073 東京都千代田区九段北1-14-17
Tel. 03-3263-4318（代表）　03-3263-4579（編集）
郵便振替　00130-6-114345
http://www.graphicsha.co.jp
印刷・製本　図書印刷株式会社